Paul Ch. Donders · Peter Essler

Berufung als Lebensstil

Paul Ch. Donders · Peter Essler

Berufung als Lebensstil

Aufbrechen in ein wertvolles Leben

Vier-Türme-Verlag

Bibliografische Informationen der Deutschen Nationalbibliothek
Die Deutsche Nationalbibliothek verzeichnet diese Publikation in der Deutschen Nationalbibliografie. Detaillierte bibliografische Daten sind im Internet über http://dnb.d-nb.de abrufbar.

1. Auflage 2011

Lektorat: Judith Engst
Umschlaggestaltung: Thomas Uhlig, www.coverdesign.net
Umschlagbild: www.f1online.de
Druck und Bindung: Friedrich Pustet KG, Regensburg
ISBN 978-3-89680-497-6

www.vier-tuerme-verlag.de

INHALT

PAUL CH. DONDERS: *Dieses Buch widme ich meiner Frau Sylvia. Du bist diejenige, die meine und unsere gemeinsame Berufung am tiefsten miterlebt und mitgeformt hat. Ich liebe dich!*
PETER ESSLER: *Dieses Buch widme ich meiner Familie. Ihr seid ein wunderbares Beispiel dafür, wie Berufung auf einen fruchtbaren Boden gefallen ist.*

Vorwort

Was wir tun, wo wir auch gehen und stehen – es gibt drei Fragen, die uns immer wieder in unserem Leben begegnen. Sie lauten: »Wer bin ich?«, »Wozu bin ich da auf dieser Welt?« und »Aus welcher Quelle schöpfe ich?«

Oft tauchen diese Fragen ausgerechnet dann auf, wenn wir uns irgendwie ausgebrannt und seelisch erschöpft fühlen. Nicht selten gehen sie einher mit einer handfesten Krise und begegnen genau den Menschen, die gerade schmerzlich erfahren, dass sie irgendwie falsch sind an dem Platz, an dem sie gerade sind.

Dieses Buch soll Ihnen Mut machen – ob Sie nun gerade in einer Krise stecken oder nicht. Denn Berufung ist ein Prozess, der jedem Leben eine positive Wendung verleiht.

Viele Menschen denken bei dem Wort Berufung fast ausschließlich an geistliche Berufe. Tatsächlich aber darf sich jeder einzelne Mensch berufen fühlen. Berufen dazu, ganz er selbst zu sein. Berufen dazu, seine Identität zu erkunden und anzunehmen. Berufen dazu, seinen Fähigkeiten und Neigungen zu vertrauen. Berufen dazu, in der Gesellschaft den Platz einzunehmen, an dem er richtig ist. Berufen dazu, Freund zu sein und Freunde zu haben. Und nicht zuletzt berufen dazu, den eigenen Glauben und die eigene Spiritualität zu entdecken.

Kommen Sie mit auf eine spannende Reise zu Ihrer Berufung. Ganz gewiss werden Sie Dinge über sich erfahren, die Ihr Leben bereichern und die Ihrem Leben Sinn und Richtung geben.

Eine spannende und erfüllende Reise wünschen Ihnen

Paul Ch. Donders und Peter Essler

1 Berufung im 21. Jahrhundert

Berufung im pragmatischen Sinn ist das Gefühl:
Da, wo ich bin, bin ich gerade richtig.

EVA MARIA ZURHORST, BESTSELLERAUTORIN

1.1 Der historische Weg des Phänomens Berufung

Das Thema Berufung erlebt gerade eine Renaissance. In den letzten Jahren wird nicht mehr nur von Lebens- oder Karriereentwicklung gesprochen. Vielmehr lässt sich verstärkt eine Hinwendung zum Thema Berufung beobachten.

Was hat diese Entwicklung hin zur Berufung überhaupt in Bewegung gebracht? Seit wann ist Berufung schon ein Thema? Und was ist Berufung eigentlich? Gibt es auch Menschen, die keine Berufung haben? Kann Berufung Spaß machen? Haben die Menschen früher auch schon an Berufung gedacht? Wer hat eigentlich den Begriff Berufung geprägt? Dürfen sich die Berufungsfrage nicht nur zukünftige Priester und Mönche stellen? Ist Berufung in der Tat auch etwas für Normalsterbliche?

In diesem Buch werden Sie spannende und überraschende Antworten finden. Wir wollen Sie dabei begleiten, sich in dieses faszinierende Lebensthema des 21. Jahrhunderts zu vertiefen. Gleichzeitig spannen wir in diesem Buch den Bogen von den Überlegungen der Gegenwart hin zu Gedanken, die schon Jahrtausende alt und trotzdem nach wie vor aktuell sind.

Das Thema Berufung hat schon immer eine gewisse Rolle gespielt. Nur die Intensität, mit der sich die Menschen damit auseinandersetzten, war in den verschiedenen Zeitepochen unterschiedlich. Es gab Zeiten, in denen Berufung als Lebensthema sehr präsent war. Darüber wurde geschrieben, gesprochen und nachgedacht. Berufung war »in«. Sie war ein Aspekt, der das gesellschaftliche Leben entscheidend mitprägte.

Es gab in der Vergangenheit aber auch Zeiten, in denen das Thema regelrecht abgetaucht zu sein schien. So als würde es eine Berufung überhaupt nicht geben. Allerdings war in diesen Zeiten das Thema Berufung nicht vollständig tot, sondern lebte in einem geschützten Raum weiter.

In diesem Wechsel von Präsenz und Verborgenheit hat es noch eine wichtige Entwicklung gegeben. Zwar war im Kern mit dem Wort Berufung über alle Zeiten hinweg das Gleiche gemeint, aber doch gab jede Zeit dem Thema Berufung eine jeweils eigene Bedeutung und setzte einen eigenen Schwerpunkt. Jede geschichtliche Epoche verlangte danach, eigene Antworten auf die Frage zu finden, wie Berufung interpretiert und gelebt werden sollte. Im Laufe der Zeit hat sich also der Begriff Berufung gewandelt.

Das Phänomen Berufung hat immer gelebt und hat sich stetig weiterentwickelt. Wann fanden nun markante Wendepunkte statt und wie veränderte sich dabei der Begriff Berufung? Und welche Aspekte, die die Menschen vor Jahrtausenden bewegten, sind für uns Menschen heute noch von Bedeutung? Was wussten die Menschen früher schon, was uns heute womöglich noch nützen könnte? Machen Sie mit uns einen Streifzug durch die Geschichte der Berufung.

Vor mehr als 3000 Jahren

Frühe Hinweise auf eine Berufung findet man in der Bibel, genauer gesagt, im Alten Testament. Dabei wird durch Geschichten deutlich, welche Aspekte für eine Berufung wichtig waren. Oftmals war der Ausgangspunkt eine Notlage oder ein Missstand in der Gesellschaft. Um dem zu begegnen und eine Veränderung herbeizuführen, wurde jemand, so glaubte man damals, von Gott persönlich berufen. Berufung war also gekoppelt an eine Aufgabe, die es zu erledigen galt. So wurde Moses berufen, das Volk Israel aus der Gefangenschaft der Ägypter herauszuführen. Samuel wurde in die Funktion des Propheten berufen, um Könige zu salben und sie zu ermahnen, sich nach Gottes Willen zu richten. Gott sprach also einzelne Menschen an. Berufung war somit im Alten Testament eine Form von Kommunikation zwischen Gott und einem einzelnen Menschen.

Die Menschen hörten den Ruf und antworteten auf ihre Weise. Ihre nachfolgenden Äußerungen und Taten lassen durchaus den Schluss zu, dass es offensichtlich eine innere Auseinandersetzung mit dem Ruf gegeben haben muss.

So erklärte Moses Gott, dass er wohl nicht der richtige Mann für die Aufgabe sei (»Wer bin ich, dass ich zum Pharao gehen und die Israeliten aus Ägypten herausführen könnte?«). Moses nahm den Auftrag letztlich aber doch an und auf dem Weg bekam er immer wieder stärkende Zusagen und Ermutigungen. Auch das gehört zur Berufung.

Samuel reagierte sofort auf den ersten Ruf Gottes, doch er war zunächst der Meinung, dass der Priester, bei dem er lebte, ihn gerufen habe. Er musste also erst einmal lernen, die Stimme eines Menschen von der Stimme Gottes zu unterscheiden.

Die Frühgeschichte der Berufung an solchen Einzelschicksalen zu verdeutlichen, wäre allerdings zu kurz gesprungen. Denn Berufung gab es damals durchaus auch für eine ganze Gruppe von Menschen. Im Alten Testament erwählt Gott das Volk Israel und beruft es zu seinem Volk. Die gleiche Dynamik wie beim Berufungsweg Einzelner tritt bei der Berufung des Volkes Israel auf. Das Volk setzt sich kritisch mit seinem Ruf auseinander. Nicht alle sind wirklich begeistert. Es treten Schwierigkeiten auf, die überwunden werden müssen. Und Gott gibt immer wieder aufs Neue die Zusage, seinem Volk beizustehen.

Vor 2000 Jahren

Wir machen auf unserer Reise durch die Historie der Berufung einen Sprung in eine Zeit hinein, in der der zweite große Teil der Bibel entstanden ist: das Neue Testament. Das Auftreten und Leben des Jesus von Nazareth brachte so viel in Bewegung, dass verschiedenste Autoren ihre Erlebnisse und Erfahrungen aufschrieben. Schon das Alte Testament hatte wichtige Grundelemente einer Berufung deutlich gemacht: Kommunikation, Beauftragung, innere Auseinandersetzung, Bestätigung und Ermutigung. Durch die Sichtweise von Jesus, die damals sehr viele Menschen inspirierte, wird das Thema Berufung nun auf eine andere Ebene gehoben.

Jesus sammelte Menschen um sich. So etwas war zur damaligen Zeit durchaus üblich. Immer wieder gab es Personen, die glaubten, etwas Wichtiges an andere weitergeben zu können, und diese einluden, sich ihnen anzuschließen und mit ihnen zu leben. Die Nachfolger wurden dann als Jünger bezeichnet.

Die Berufung, die Jesus ausspricht, wendet sich an den Menschen in seiner Gesamtheit. Diese Berufung umfasst alles, was zum Menschsein dazugehört, und diese Berufung hat ein großes Ziel: das Heil- und Ganzwerden der betreffenden Person.

Damit dieses Ziel erreicht werden kann, rief Jesus die Menschen in seine persönliche Nachfolge. Hier tritt ein Aspekt zutage, der im Alten Testament schon andeutungsweise vorhanden war, nun aber besonders deutlich zum Vorschein kommt. Bei der Berufung geht es in erster Linie nicht um die Erfüllung einer Aufgabe, sondern um eine Nachfolge. Die Berufung wird hier zu einer persönlichen Beziehung. Erst aus dieser Beziehung heraus ergibt sich der Auftrag, bestimmte Aufgaben zu übernehmen. Die Aufgaben verlieren deswegen nicht an Wert, sondern sie werden aus der Beziehung zu Jesus heraus angepackt und umgesetzt.

Man könnte auch sagen: Die Art und Weise, wie die Menschen damals zu Jesus standen, war der Mittelpunkt ihrer Berufung. Die Hauptfrage war daher nicht die nach den Aufgaben, zu denen man berufen wurde. Die Hauptfrage lautete: Wie stehe ich zu Jesus? Wie ist meine Beziehung zu ihm?

Noch eine weitere wichtige Entwicklung wird deutlich. Im Alten Testament wurden nur wenige einzelne Menschen und das Volk Gottes als Ganzes berufen. Die Anzahl der Berufungen ist überschaubar. Im Neuen Testament dagegen darf sich durch die Einladung von Jesus nun jeder berufen fühlen. Diese Berufung richtet sich nicht nur an Menschen als Teil einer Gruppe, sondern an das Individuum, an jede einzelne Person.

Vor 1500 Jahren

Ein wesentliches Merkmal von Berufung in der im Neuen Testament beschriebenen Zeit war, dass die damaligen Christen eine persönliche Bindung zu Jesus hatten und sich deshalb zu seiner Nachfolge berufen fühlten. Berufung war nicht nur ein Gedanke oder eine Idee – nein, sie war zutiefst mit einer Erfahrung verknüpft. Oder um es anders auszudrücken: Jesus hat die Menschen persönlich in ihrem Innersten berührt.

Aber wie entwickelte es sich weiter, als dieser historische Jesus nicht mehr lebte? Die Anzahl der Christen nahm schnell zu. Ihr Miteinander formte eine neue Organisation, die Kirche. Sie sah sich mit Anforderungen konfrontiert, die sich früher oder später jeder wachsenden Organisation stellen: Sie brauchte Strukturen und Regeln, um als Organisation dauerhaft existieren zu können. Eng mit dieser Anforderung verknüpft war die Frage, wie der Einzelne ein Teil dieser Kirche werden konnte.

Bei Jesus war die Nachfolge ganz mit seiner Person verbunden. Er sprach seine Jünger persönlich an. Später wurde man durch die Taufe, und zwar durch die Kindertaufe, ein Mitglied der Kirche. Somit wurden Berufungserlebnisse immer seltener. Das kann man sich leicht vorstellen. Ein Kind, das durch die Taufe von Anfang an zu einem Teil der Kirche geworden ist, muss sich nicht durch eine persönliche Erfahrung dafür entscheiden. Damit gingen die persönlichen Berufungserfahrungen der allgemeinen Christenheit mehr und mehr zurück.

Trotzdem blieb der Berufungsgedanke am Leben. Innerhalb der Christenheit entwickelte sich ein spezieller Kreis, das Mönchtum. Gefordert war von jedem einzelnen Mönch eine radikale Hingabe an Gott und eine Lebensgestaltung, die sich komplett an Gott ausrichtete. Um ein Teil der Mönchsgemeinschaft zu werden, brauchten die Mönche die Gewissheit, dass sie diesen Schritt auch wirklich tun sollten, sie brauchten also eine Berufung direkt von Gott. Die Erfahrung, die Menschen zur Zeit von Jesus gemacht hatten, existierte nun vorrangig im Mönchtum fort. Die Berufung hatte sich in eine Nische – das Mönchtum – zurückgezogen.

Vor 500 Jahren

Die Berufung, die die Mönche so intensiv vorlebten, führte auch dazu, dass sie im Vergleich zu den anderen Christen ein höheres Ansehen genossen. Dagegen wendete sich Luther und seine Bewegung, die Reformation. Die Anhänger der Reformation betonten, dass jeder Christ unabhängig von seinem Stand und der Arbeit, die er ausführt, sich von Gott berufen wissen dürfe. Die Berufung galt also nach den Lehren der Reformation nicht nur für den »Beruf« Mönch, sondern auch für alle anderen Berufe. Damit erfuhren alle Berufe eine Aufwertung, und man musste nicht mehr Mönch werden, um gemäß seiner Berufung zu leben. Mehr und mehr wurden Berufung und Beruf als eine Einheit angesehen – allerdings immer unter der Voraussetzung, dass der Mensch sich dabei auf dem Weg mit Gott sieht.

Für Luther implizierte das Phänomen Berufung somit zweierlei: Der Mensch hat erstens eine geistliche und zweitens eine äußerliche Berufung. Die geistliche Berufung bezieht sich auf das Leben mit Gott und besteht für alle Menschen gleichermaßen. Die äußerliche Berufung zeigt sich in dem Beruf, den der betreffende Mensch ergreift, und ist je nach seinen Begabungen und Vorlieben unterschiedlich. Durch diese Entwicklung gewinnt nun der Berufungsgedanke an Raum und wird weiter. Jetzt kann sich jeder die Frage stellen, in welchem Beruf und in welcher Lebensform er seine Berufung ausleben will.

Die letzten Jahrhunderte bis heute

Für Luther waren Beruf und Berufung notwendigerweise mit dem Gedanken verknüpft, mit Gott verbunden zu sein. Doch nahm durch Entwicklungen wie etwa die Aufklärung und die Industrialisierung der gesamten Gesellschaft die Bedeutung eines Lebens mit Gott im Laufe der Zeit mehr und mehr ab.

Das hatte aber einen direkten Einfluss auf das moderne Bild von Berufung. Der eine Teil der Berufung, nämlich der Beruf, hat sich bis zum heutigen Tag in unserem Leben etabliert und ist zur Selbstverständlichkeit geworden. Der andere Teil, der bedeutet, seinen Weg mit Gott zu gehen, wurde nur noch in kirchlichen Kreisen gepflegt. Jetzt kann man auch verstehen, warum die meisten Menschen bei dem Wort Berufung spontan an eine geistliche Person denken.

Doch das Thema Berufung ließ sich wohl nicht dauerhaft auf eine Berufung zu geistlichen Berufen beschränken. Und so taucht die Berufung plötzlich wieder an den unterschiedlichsten Stellen auf. So als wollte sie sagen, dass ihr Angebot an die Menschen immer noch aktuell ist. Und dies nicht nur für einen kleinen exklusiven Kreis von Kirchenleuten, sondern für jeden, der sich von ihr ansprechen und begeistern lässt.

1.2 Die Notwendigkeit, heute die eigene Berufung zu entdecken

Von Tamara Erickson, einer Soziologin an der US-amerikanischen Eliteuniversität Harvard, stammt das Buch »Retire Retirement« (»Schicken Sie den Ruhestand in die Rente«). Sie stellt darin detailliert dar, wie sich aktuell in der westlichen Welt vier Generationen auf sehr unterschiedliche Weise mit ihrer Lebenssituation auseinandersetzen.

Dieses Buch ist spannend zu lesen. Denn darin stellen sich alle vier aktuell lebenden Generationen die Frage nach ihrer persönlichen Berufung. In Abschnitt 2.4.1 werden wir Ihnen die verschiedenen Lebensphasen und die damit einhergehenden Krisen eines Menschen erläutern. An dieser Stelle begnügen wir uns mit einer kleinen Übersicht über die typischen Haltungen und Prägungen der Generationen. In diese Übersicht sind sowohl die Studie von Tamara Erickson als auch die Einsichten von Romano Guardini, einem katholischen Religionsphilosophen und Theologen, eingeflossen, auf dessen Erkenntnisse wir im nächsten Kapitel näher eingehen. Das Ausgangsjahr ist das Jahr 2010.

Die Generation der Pioniere und Wiederaufbauer

Geboren:	1930-1950
Teenagerjahre (wesentliche Prägung):	1945-1965
Lebensalter heute (2010):	60-80 Jahre

Die Generation der Pioniere und Wiederaufbauer hatte kaum persönliche Beziehungen zu ihren Eltern. Es handelt sich um Menschen, die nach dem Zweiten Weltkrieg Verantwortung übernahmen für den Wiederaufbau der

Gesellschaft. Die Mitglieder dieser Generation sind harte Arbeiter. Sie sind verantwortungsbewusst, aber sie sind es kaum gewohnt, über sich selbst nachzudenken.

Ihr Lebensalter zwingt diese Generation heute dazu, das einst aufgebaute Lebenswerk loszulassen. Sie haben jedoch die Chance, als weise Männer und Frauen ein neues Lebenswerk für sich zu etablieren.

Die Herausforderungen dieser Generation

- ihre Vergangenheit positiv zu bewältigen
- mit ihrem ersten Lebenswerk abzuschließen und es möglicherweise an eine neue Generation zu übergeben
- eine neue Berufungsform zu entdecken und einzunehmen (die Berufung bleibt häufig die gleiche, nur die Form und das Wirkungsfeld ändern sich)
- in dieser neuen Berufungsform neue Beziehungen aufzubauen und gemeinsam neue Visionen zu entwickeln
- ganz neu zu erlernen, sich selbst zu reflektieren und auf eine positive und konstruktive Art und Weise mit ihrer Vergangenheit umzugehen und die Gegenwart und Zukunft zu gestalten

Die Generation der Baby-Boomer

Geboren:	1950-1965
Teenagerjahre (wesentliche Prägung):	1965-1980
Lebensalter heute (2010):	45-60 Jahre

Die Baby-Boomer hatten eine eher kritische Beziehung zu ihren Eltern. Als Teenager in den Sechziger- und Siebzigerjahren waren sie bestrebt, neue Ideale zu entwickeln zum Aufbau einer neuen, idealen Welt. Weil sie sehr geburtenstarken Jahrgängen angehören, mussten die Mitglieder dieser Generation ihren Platz im Unternehmen und in der Gesellschaft in einem persönlichen Kampf erobern. Das ständige Kämpfen hat sie einiges gekostet. So sind ihre Ideale teilweise in der Versenkung verschwunden, und auch ihre Beziehungen haben den Kampf häufig nicht überlebt.

Interessanterweise hat die Generation der Baby-Boomer (im Gegensatz zu ihren eigenen Eltern) zu 80 Prozent eine gute Beziehung zu ihren Kindern. Somit können sie exzellent zusammenarbeiten mit Generation Y (den heute 10- bis 25-Jährigen).

Vom Lebensalter her stoßen die Baby-Boomer heute an ihre Grenzen. Sie sind ins »reife« Alter gekommen und spüren jetzt immer deutlicher ihre Verantwortung für die Gesellschaft. Die alten Ideale können jetzt eine neue Form bekommen und verwirklicht werden.

Die Herausforderungen dieser Generation

- ihre Lebensgeschichte mit allen Idealen, Erfolgen, Krisen und Lektionen zusammenzufassen, den roten Faden zu entdecken und wieder aufzunehmen
- sich auf das Wesentliche ihrer Berufung zu konzentrieren (wer seine Grenzen kennt, will und kann nicht mehr alles tun, wohl aber das Wichtigste umsetzen)
- neue, bedeutungsvolle Allianzen mit Altersgenossen und jungen Menschen zu schmieden, um einen bleibenden Einfluss auf die Gesellschaft zu haben
- Beziehungen zu ordnen oder sogar wiederherzustellen (gerade solche Beziehungen, die im Laufe des Lebens zerbrochen sind)

Die Generation X

Geboren:	1965-1985
Teenagerjahre (wesentliche Prägung):	1980-2000
Lebensalter heute (2010):	25-45 Jahre

Die Mitglieder der Generation X sind Kinder der letzten Pioniere und der ersten Baby-Boomer. Sie haben eine eher mittelmäßige Beziehung zu ihren Eltern. Ihre wesentliche Prägung erfuhren sie in den Jahren 1980 bis 2000, als die Postmoderne die dominante Strömung war. Damit haben sie vor allem folgende Ansichten verinnerlicht: Relativismus (»Es gibt keine absolute Wahrheit, jeder muss seine eigenen Erfahrungen machen«) und Individualismus (»Ich will erst sehen, was du tust, bevor ich glaube, was du sagst!«).

Die Generation X kann man auch beschreiben als die suchende und gewissermaßen verunsicherte Generation. Ihre Mitglieder sind sehr damit beschäftigt, individuell Karriere zu machen und dabei ihre Work-Life-Balance zu finden. Sie wollen definitiv nicht werden wie ihre Eltern, haben aber noch keinen anderen Weg gefunden. Ihnen fehlt eine Vorstellung davon, wie sie denn wohl werden wollen. Sie haben Angst, den Arbeitsplatz zu verlieren. Doch haben sie auch die »Alles-ist-möglich-Mentalität« erfahren. Sie sind sehr beschäftigt und haben immer das Gefühl, zu wenig Zeit zu haben.

Was ihr Lebensalter angeht, sind die Mitglieder dieser Generation eigentlich auf dem Gipfel ihrer Kraft und Energie angelangt – dort, wo sie sich ganz darauf konzentrieren, in ihrem Beruf immer besser zu werden und ihr erstes Lebenswerk aufzubauen. Gleichzeitig sind sie aktuell damit beschäftigt, eine Familie zu gründen und an einem Ort sesshaft zu werden (und dort womöglich ein Haus zu bauen), der zur Lebensmitte wird.

Die Herausforderungen dieser Generation

- zu entdecken, wer man selbst ist, was die eigene Stärke ausmacht und welche Möglichkeiten bestehen
- mit der eigenen familiären Vergangenheit auf gesunde Weise abzuschließen und das Beste aus diesem Erbe zu machen
- die eigene Lebensberufung zu entdecken und einen Weg zu einer gesunden Work-Life-Balance zu finden
- im Beruflichen wie im Privaten den Sinn des eigenen Tuns und Strebens neu zu entdecken

Die Generation Y

Geboren:	1985-2000
Teenagerjahre (wesentliche Prägung):	2000-2010
Lebensalter heute (2010):	10-25 Jahre

Generation Y besteht zum größten Teil aus Kindern von Baby-Boomern. Sie haben in der Regel eine recht gute Beziehung zu ihren Eltern und sind im Vergleich zu Generation X selbstsicher. Die Traumata des Zweiten Weltkriegs haben sie weit hinter sich gelassen. Sie sind komplett in der digitalen Welt aufgewachsen und können die Möglichkeiten, die diese bietet, optimal nutzen. Sie wachsen in eine Epoche der schrumpfenden Bevölkerung hinein. Bei guter Ausbildung werden sie die Angst, arbeitslos zu sein, vermutlich nie kennenlernen. Ihre Möglichkeiten sind groß, im In- und Ausland ihre persönliche Berufung zu entdecken und danach zu leben. Diese Generation wird auch »Generation Einstein«, »die kreative Generation« oder »die kommunikative Generation« genannt. Die Mitglieder wollen sowohl Individualität (»Ich will mein Leben einzigartig gestalten«) als auch Kommunität (»Ich will Teil einer Gemeinschaft oder Bewegung sein«). Wahrscheinlich hat diese

Generation auch alle Chancen, genau diese Synthese (Individualität und Kommunität) wieder herzustellen. Interessanterweise kann Generation Y sehr gut zusammenarbeiten mit der Generation der Baby-Boomer. Auch altersmäßig ergänzen beide Generationen einander außerordentlich gut.

Aktuell ist Generation Y dabei, die Berufung im eigenen Beruf zu entdecken. Aber auch ein radikaler Idealismus ist häufig bei Menschen dieses Alters anzutreffen. Die Mitglieder der Generation Y haben jedoch kein Bedürfnis, sich von älteren Generationen abzusetzen (wie die Baby-Boomer und Generation X, als sie in ihren Zwanzigern waren). Deshalb richtet sich ihr radikaler Idealismus darauf, eine bessere, nachhaltigere, freundlichere, lebensfrohere und sinnvollere Welt aufzubauen. Sehr wohl brauchen sie aber Mentoren, die sie coachen auf ihrem Weg vom Schüler, Auszubildenden oder Studenten zum beruflichen Profi und die sie in allen Lebensfragen begleiten. Gerade hierfür ist die Baby-Boomer-Generation wie geschaffen.

Die Herausforderungen dieser Generation

- die eigene Begabung zu entdecken
- mehrere Zukunftsszenarien zu entwickeln, wie sich diese Begabungen sinnvoll entfalten lassen
- zum ersten Mal den eigenen inneren Auftrag zu entdecken, ohne gleich für den Rest des Lebens darauf festgelegt zu sein
- Teil einer Wegegemeinschaft zu werden, mit der man Spannendes erleben und gleichzeitig einen sinnvollen Beitrag für die Gesellschaft erbringen kann
- die richtigen Mentoren zu finden, die als Coach, Unterstützer und Türöffner fungieren

Zusammenfassend kann man sagen: In der westlichen Welt stellen sich heute alle Menschen zwischen 10 und 80 Jahren die Berufungsfrage mit großer Dringlichkeit. Jede Generation geht in dieser Frage allerdings von einem anderen Ausgangspunkt aus, und es gibt keinen einheitlichen, für alle gültigen Lösungsweg.

1.3 Nutzen und Schmerzen

Wer auf eine Reise geht, um neues Land zu entdecken, sollte sich zumindest vergewissern, welchen Nutzen ihm diese Reise bringen wird. Er sollte sich aber auch im Klaren darüber sein, welche Schmerzen er ertragen muss, falls er diese Reise gar nicht erst antritt. Hier nun einige Ideen dazu, was es bringt, die eigene Berufung zu entdecken:

Was bringt es mir, meine Berufung zu entdecken?

- Ich kann mich besser auf meine Fähigkeiten konzentrieren und werde dadurch von innen her (intrinsisch) nachhaltig motiviert.
- Ich kann mir sinnvolle Ziele setzen und sie in einen größeren Zusammenhang stellen.
- Ich bin mir selbst näher und kann an meinen Macken arbeiten. Ich brauche nicht zu versuchen, wie die anderen zu sein.
- Ich kann aus dem Hamsterrad aussteigen, in dem ich jahrein, jahraus jeden Tag voll beschäftigt bin, aber letztendlich wenig Bleibendes aufbaue.
- Ich kann beginnen, mein Lebenswerk aufzubauen, und möglicherweise andere einladen, daran teilzuhaben.
- Bei der Suche nach einem Partner, sei es im Privaten, sei es im Beruflichen, kann ich als mündiger Mensch anderen Menschen gegenübertreten und schaffe damit die Voraussetzungen, um gesunde und interessante Partnerschaften aufzubauen.
- Indem ich meine Berufung als grobe Linie klarer vorzeichne, gibt das nicht nur meinem Leben ein Stück Sinn, sondern auch meinem Alltag.
- Ich kann über die Fundamente in meinem Leben nachdenken und damit mein Leben auf eine gesunde Basis stellen.

Was verliere ich, wenn ich meine Berufung nicht entdecke?

- Ich bleibe in meinem Hamsterrad, wo ich jahraus, jahrein beschäftigt bin. Das gibt mir zwar das in gewisser Hinsicht befriedigende Gefühl, tätig zu sein, führt aber letztendlich nirgendwohin.
- Wenn ich mich nicht auf meine eigenen Fähigkeiten konzentriere, werde ich mein Metier nie professionell oder sogar meisterhaft beherrschen. Ich bleibe in beruflichen Dingen allenfalls mittelmäßig.
- Wenn ich meine eigene Richtung nicht kenne, bin ich wie ein Fähnlein im Winde, das einmal in diese, einmal in jene Richtung zeigt.
- Wenn ich meine eigene Berufung nicht kenne – wie kann ich dann ein verlässlicher und interessanter Arbeits- oder Lebenspartner sein?
- Ohne Klarheit oder zumindest eine leise Ahnung davon, wozu ich berufen bin, fällt es mir schwer, einen Sinn im großen Ganzen zu sehen, und auch der Alltag erscheint mir oft sinnlos.

Reflexion

Welche drei Vorteile sind für Sie am wichtigsten bei der Entscheidung, sich jetzt auf den Weg zu machen und Ihre Berufung zu entdecken? Und was wären für Sie die drei schmerzhaftesten Erfahrungen, die Sie in Kauf nehmen müssten, wenn Sie nicht nach Ihrer Berufung fragen würden?

Nutzen: Was kann ich gewinnen, wenn ich meine Berufung erkunde?	**Schmerzen:** Was verliere ich, wenn ich nicht nach meiner Berufung frage?
1.	1.
2.	2.
3.	3.

1.4 Der Weg, die eigene Berufung zu entdecken

Wie Sie bei der Vorstellung der verschiedenen Generationen schon gesehen haben, brauchen alle Menschen eine Art Wegbeschreibung und Inspiration für die Entdeckungsreise zu ihrer Berufung. Vor 15 Jahren habe ich (Paul Donders) das Buch »Kreative Lebensplanung« geschrieben, also in der Tat eine Art Wegbeschreibung. Noch heute bietet dieses Buch eine sehr klare und einfache Anleitung, wie Sie sich den Weg zur eigenen Berufung in fünf aufeinander aufbauenden Schritten erarbeiten können. Das Buch, das Sie jetzt in den Händen halten, greift wesentliche Aussagen aus meinem ersten Buch auf. Gleichzeitig erweitert und vertieft es aber die Sicht auf das Thema Berufung. Im folgenden Bild sehen Sie die Grundstruktur unseres Konzeptes für Berufung. Alle drei Hauptbereiche zusammen mit den Unterpunkten geben einen Einblick, was alles zum Thema Berufung gehört:

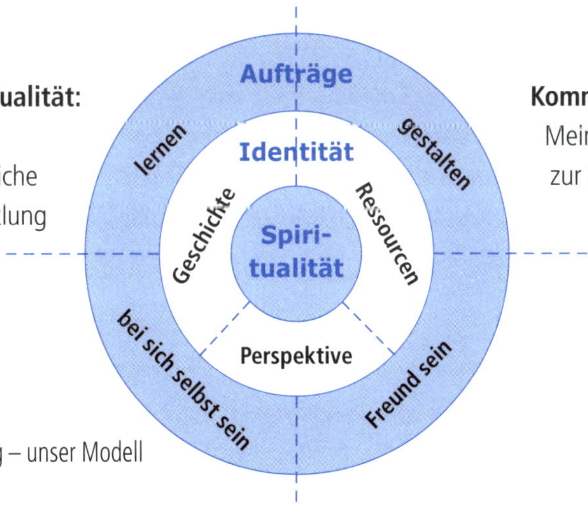

Bild 1.1
Berufung – unser Modell

Das Wort **»Aufträge«** steht für die Verantwortung, die jeder Einzelne in den verschiedenen Lebensbereichen trägt. Mit **»Identität«** ist das Erkennen, Wachsen und Formen eines gesunden und authentischen Wesens gemeint. **»Spiritualität«** bedeutet, die Achtsamkeit auf das Leben zu lenken sowie nach dem Sinn und der Quelle des Lebens zu suchen.

In diesen drei Kreisen spielt sich die Berufung ab. Sie können auf Ihrem Entdeckungsweg von außen nach innen vorgehen, aber natürlich genauso gut von innen nach außen. Oder Sie fangen in der Mitte an und erkunden und beschreiben zunächst Ihre eigene Identität klarer. Daraus entwickeln Sie dann die vier Verantwortungsfelder, also die Felder, die Sie sehen, wenn Sie das senkrechte Kreuz betrachten, das unter den konzentrischen Kreisen liegt. Anschließend tauchen Sie noch einmal ein in ihren innersten Kern: Ihre Spiritualität und Sinngebung. Auch darum wird es in diesem Buch gehen. Aber nochmals: Sie sind Entdeckungsreisender in eigener Sache: Sie sollten selbst Ihre Berufungsreise auf Ihre eigene Weise angehen und dabei den Weg beschreiten, der am besten zu Ihnen passt. Bevor Sie starten, betrachten Sie einmal den Gesamtprozess mit seinen einzelnen Teilen:

Die vier Felder der Verantwortung haben wir bewusst in zwei Bereiche (Spalten) unterteilt: Individualität und Kommunität. Denn nur bei einer guten Balance zwischen diesen beiden Bereichen hat jeder Einzelne unserer Meinung nach die Chance, ein gesunder und mündiger Mensch zu werden. Kippt die Balance zu stark in Richtung Individualität, wird das Ganze zum Individualismus oder Egoismus. Liegt das Gewicht dagegen zu einseitig auf der Seite der Kommunität, wird das Ganze zum Kommunismus. Die Geschichte des letzten Jahrhunderts hat uns sehr schmerzhaft, aber auch sehr klar gezeigt, dass beides – ein ausgeprägter Individualismus und ein Kommunismus, der nicht mehr nach dem Einzelnen fragt – eine Gesellschaft zugrunde richten kann.

Jetzt aber genug der Theorie! Folgen Sie uns nun auf der Reise zu Ihrer Berufung. Erkunden Sie alle verschiedenen Inhalte, die zu Ihrer persönlichen Berufung dazugehören. Ganz sicher werden Sie dabei viel Spannendes entdecken.

2 Identität

Wo die Bedürfnisse der Welt mit deinen Talenten zusammentreffen – dort liegt deine Berufung!

ARISTOTELES, GRIECHISCHER PHILOSOPH

Im Coaching sitze ich (Peter Essler) einem 42-jährigen Mann gegenüber. Die biografischen Eckpunkte seines Lebens scheinen Klarheit zu signalisieren. Er ist seit zehn Jahren verheiratet – und das gerne! – und hat Freude mit seinen beiden Kindern. Nach seinem Studium der Betriebswirtschaft hat er sich auf Personalentwicklung spezialisiert. In der jetzigen Firma arbeitet er schon seit sieben Jahren. Doch die Fragen, mit denen er ins Coaching gekommen ist, zeugen ganz offensichtlich von einer Verunsicherung.

»Ich möchte gerne wissen, was ich wirklich gut kann und was wirklich zu mir passt«, sagt er gleich zu Beginn des Gesprächs. Außerdem sei er sich nicht mehr sicher, ob er das, was er beruflich gerade mache, auch noch in den nächsten Jahrzehnten machen wolle. Diese und ähnliche Fragen sind in meiner Coachingpraxis keine Seltenheit und begegnen mir in den letzten Jahren immer häufiger. Menschen sind verunsichert, weil sie nicht klar benennen können, was wirklich zu ihnen als Person passt.

Als Schlüsselwort taucht in den Erzählungen und Fragen meiner Coachingnehmer häufig das kleine Wort »wirklich« auf. Dieses Wort enthält den Hinweis, dass es ihnen darum geht, etwas Eigentliches, etwas Substanzielles zu finden. Es geht um die Frage nach der eigenen Identität und darum, wie diese sich auf dem Lebensweg verwirklichen lässt.

Wenn man versucht, das Wesen der Identität auf den Punkt zu bringen, so stößt man schnell auf zwei Begriffe – auf den Begriff Einzigartigkeit und auf den Begriff Kontinuität.

Einzigartigkeit

Eine klassische Frage nach der Identität lautet: »Wer bin ich?« In der Antwort auf diese Kernfrage bringe ich als Mensch meine Einzigartigkeit zum Ausdruck. Es geht exklusiv um mich und darum, was mich auszeichnet. Und diese Einzigartigkeit will ich nicht nur theoretisch kennen, nein, ich will sie auch erfahren und erleben. Ich muss spüren, dass ich eine einzigartige Person bin, also ein besonderer und wertvoller Mensch.

Jeder Mensch trägt eine Sehnsucht in sich, seine unverwechselbare Einzigartigkeit zu erkennen. Und sie nicht nur zu erkennen, sondern auch darüber zu staunen.

Mir passiert es sehr häufig, wenn ich in einem Coachinggespräch meinem Gegenüber zuhöre, dass ich mich mehr und mehr dafür begeistere, wer dieser Mensch ist. Und das nicht nur, weil mein Gegenüber dies oder jenes gut kann oder gut gemacht hat, sondern ganz einfach, weil es ein besonderer Mensch ist mit allem, was dazugehört. Mit den Höhen und Tiefen, die dieser Mensch erlebt hat, mit den Entscheidungen, die er getroffen hat, und mit der Art, wie er sich mit dem Leben auseinandergesetzt hat.

Kontinuität

Neben der Einzigartigkeit ist die Kontinuität der zweite zentrale Gesichtspunkt der Identität. Damit ist die sogenannte persönliche Gleichheit in meinem Leben gemeint. Ich erlebe und empfinde, dass ich dieselbe Person bin im Laufe meines gesamten Lebens. Auch über sämtliche Veränderungen in meinem Leben hinweg bin und bleibe ich derselbe Mensch. Ich bin in meiner Kindheit niemand anderes als im Erwachsenenalter.

Die Erfahrung der Kontinuität gibt mir die Gewissheit einer bleibenden Identität. Dabei dürfen und werden sich Teile meiner Identität im Laufe meiner Biografie durchaus ändern, trotzdem werde ich mich immer als dieselbe Person erleben. Ich bin ich, gestern, heute und morgen. Das sieht auch meine Umwelt so. Auch für sie bin ich in jeder Phase meines Lebens immer die gleiche Person. Da dies für uns so selbstverständlich ist, denken wir normalerweise gar nicht darüber nach. Doch diese Selbstverständlichkeit brauchen wir dringend, weil sie uns Halt in unserem Leben gibt.

2.1 Identität als Herausforderung

Identität ist zu einem Hauptthema im 21. Jahrhundert geworden. Das hängt damit zusammen, dass infolge der großen Veränderungen wie Globalisierung, Dynamisierung und Pluralisierung auch die Identität des einzelnen Menschen in Bewegung gekommen ist.

Die große Chance der heutigen Zeit liegt in der Möglichkeit, die Identität in einem Ausmaß zu gestalten, wie das früher nicht möglich und vielleicht auch nicht nötig war. Die Identität ist nicht mehr festgelegt oder durch gesellschaftliche Strukturen vorgegeben, sondern jeder muss und darf sie sich selbst erarbeiten. Das wird heute treffend mit dem Begriff der Identitätsarbeit beschrieben. Diese Arbeit ist ein lebenslanger Prozess, der den Alltag durchdringt.

Immer wieder werden wir Menschen durch große oder kleine dynamische Veränderungen herausgefordert, unsere Identität zu klären. Ein Stellenwechsel, eine Phase der Arbeitslosigkeit, eine übermäßige Arbeitsbelastung, eine Zeit der Kurzarbeit, eine Scheidung, ein Partnerwechsel – die Anlässe sind vielfältig.

Damit wird nicht immer gleich die gesamte Identität in Frage gestellt, aber zumindest Teile davon. Einzelne Teile davon müssen und dürfen neu gestaltet und neu in das Gesamtgefüge eingebaut werden. Folgerichtig gibt es dafür die Bezeichnung der Patchwork-Identität. Somit ist auch klar, dass ich zu keinem Zeitpunkt in meinem Leben zu einer endgültigen und umfassenden Beschreibung meiner Identität gelange.

Königsweg Selbstreflexion

Wie gestalte ich nun den Prozess der Identitätsklärung? Der Königsweg ist die Selbstreflexion. Ich beobachte mich und schaue, was ich in meiner Person so alles entdecken kann. Ich denke über mich, das heißt über mein Selbstbild nach. Nur ich allein – und niemand anders – kann das für mich tun, und ich muss es auch tun, wenn ich mir meiner Identität bewusst werden will. Das ist ein spannender und faszinierender Prozess. Selbstreflexion ist der Königsweg, und das ist auch der Grund dafür, warum wir in diesem Buch verschiedene Workshops für Sie eingebaut haben. Darin laden wir Sie ein, über unterschiedliche Aspekte Ihrer Person und Ihres Lebens nachzudenken.

Nach und nach entsteht dabei ein Selbstbild. Es wird ergänzt durch die Rückmeldungen anderer, die erzählen, wie sie Sie sehen und erleben. Ein solches Fremdbild ist für die gesunde Entwicklung der eigenen Identität unumgänglich. Sonst laufen Sie immer Gefahr, blinde Flecken nicht wahrzunehmen, und dadurch in eine Schieflage zu kommen. Sie haben dies sicher schon bei anderen Menschen erlebt, die irgendeine Macke haben, die sie selbst aber nicht bemerken, und mit der sie der ganzen Umwelt auf die Nerven gehen.

Aber um zur Selbstreflexion zurückzukommen: Auch die Hinweise aus einem Fremdbild müssen überprüft werden. Sie müssen sich überlegen, was Sie damit anfangen.

Das 21. Jahrhundert fordert uns heraus, uns selbst zu begegnen. Nicht damit wir um uns selbst kreisen, sondern damit wir einen sicheren Standort finden, von dem aus wir unser Leben gestalten können. Ich bin mir selbst als Aufgabe gegeben – das gilt für jeden Menschen. Das gilt mit Sicherheit ganz besonders in der heutigen Zeit. Wem das Ganze allzu sehr nach Arbeit riecht, dem sei noch folgender Hinweis gegeben: Auch das spielerische Entdecken der eigenen Persönlichkeit und das Ausprobieren von Unbekanntem gehören zur Auseinandersetzung mit der eigenen Identität.

2.2 Sieben Aufgaben der Identitätsarbeit

Einzigartigkeit und Kontinuität sind in dem oben erläuterten Sinne die beiden grundlegenden Beschreibungen für die eigene Identität. Damit ist der Einzelne jedoch mit seiner Identitätsfindung noch nicht am Ende. Um den Weg für eine praktische und berufungsorientierte Auseinandersetzung mit der eigenen Identität zu bahnen, benötigen wir noch zwei konkrete Zugänge:

Zum einen ist es hilfreich, wenn wir verschiedene Aufgaben haben. Sie geben uns die Richtung vor, in welcher Weise wir uns mit der eigenen Identität beschäftigen können. Zum anderen brauchen wir, da das Konzept Identität doch sehr abstrakt ist, konkrete Inhalte, mit denen wir uns auseinandersetzen können. Den Zusammenhang sehen Sie im folgenden Bild:

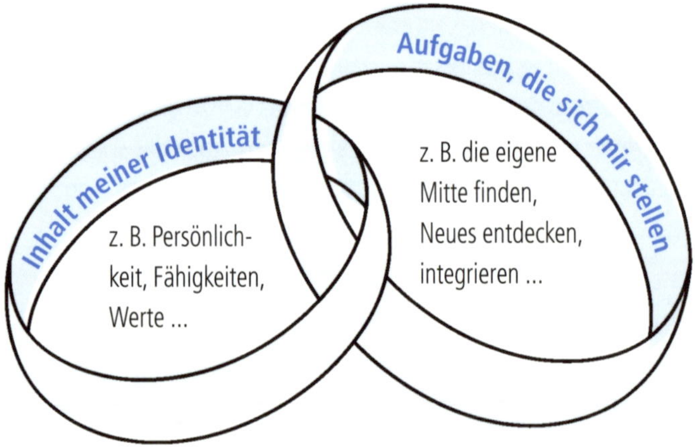

Bild 2.1 Identitätsarbeit: Die Verknüpfung von Inhalten mit Aufgaben

Wie Sie in Bild 2.1 sehen können, gehören verschiedene Inhalte zur Beschäftigung mit der eigenen Identität. Sie alle fallen unter die Überschriften Geschichte, Ressourcen oder Perspektive, mit denen Sie ja schon aus dem Berufungsmodell bekannt sind. Mit all diesen Inhalten können Sie sich früher oder später in den einzelnen Workshops dieses Buches auseinandersetzen. Aber wie? Durch die sieben beschriebenen Aufgaben in der linken Seite des Bildes. Diese Aufgaben sind sehr wirkungsvoll und helfen dabei, die eigene Identität zu entwickeln und zu beschreiben. Lassen Sie mich dazu ein konkretes Beispiel machen.

Nehmen wir einmal an, in einem der folgenden Workshops werden Sie aufgefordert, sich mit Ihren **Motivationsfähigkeiten** zu beschäftigen. (Dieser Inhalt gehört zur Überschrift Ressourcen, aber dies sei nur am Rande bemerkt.)

Angenommen, vor Ihnen liegt eine Liste mit 48 verschiedenen Motivationsfähigkeiten. Daraus wählen Sie vielleicht zehn aus, die Ihrer Meinung nach gut zu Ihnen passen. Schon sind Sie mittendrin in der ersten Aufgabe: Sie sind dabei, sich einen Teil Ihrer Identität **bewusst zu machen.** Indem Sie auswählen, merken Sie, was besser und was weniger gut zu Ihnen passt. Während des Auswählens fallen Ihnen womöglich spontan verschiedene Situationen ein, bei denen Sie die ausgewählten Fähigkeiten eingesetzt haben. Dadurch vertieft sich das Bewusstsein, eine bestimmte Fähigkeit zu besitzen.

Sie können sich auch gleich noch einer zweiten Aufgabe widmen, nämlich **»die Mitte zu finden«**. Sie fragen sich also, ob von den zehn Fähigkeiten, die Sie ausgewählt haben, möglicherweise zwei oder drei dabei sind, die – wie Sie spüren – viel mehr mit Ihrer Person zu tun haben als die anderen. Sie erkennen dies daran, dass Ihnen diese Top-Fähigkeiten mehr bedeuten als die anderen. Das ist nur ein Praxisbeispiel, an dem Sie sehen, welche Aufgaben – unabhängig vom jeweiligen Inhalt – in diesem Buch auf Sie zukommen.

Insgesamt haben Sie bei der Identitätsarbeit bei den verschiedensten Inhalten letztlich immer die gleichen sieben Aufgaben, die wir Ihnen im Folgenden vorstellen.

Aufgabe 1: Sich die Dinge bewusst machen

Bei der Beschäftigung mit der eigenen Identität starten Sie jeweils mit dieser Grundaufgabe. Jegliche Auseinandersetzung mit der Identität hat das Ziel, Klarheit über einzelne Aspekte zu gewinnen. Dazu müssen Sie sich diese Aspekte erst bewusst machen.

Oft werden Ihnen dabei Teile Ihrer Identität, die schon immer oder zumindest seit längerem in Ihnen präsent waren, nun (neu) auffallen. Das bedeutet konkret, dass Sie über diese Aspekte nun reden können. Vor der Auseinandersetzung haben Sie den einen oder anderen Aspekt vielleicht gespürt, aber Sie hätten nicht klar sagen können, worum es sich genau handelt. Wenn Sie sich diesen Aspekt erst bewusst gemacht haben, fällt es Ihnen leicht, darüber zu reden. Und wenn Sie darüber reden können, dann können Sie ihn auch aufschreiben. Schriftliche Notizen sind in zweifacher Hinsicht von großem Nutzen. Erstens können Sie in schriftlicher Form Ihre Gedanken besser ordnen, als wenn Sie sich diese durch den Kopf gehen lassen, ohne etwas aufzuschreiben. Zweitens können Sie, wenn Sie Ihre Aufzeichnungen mit einem Datum versehen, im Laufe der Zeit die Entwicklung, die Sie durchgemacht haben, wunderbar nachvollziehen.

Hin und wieder kamen nach einem Coaching oder Seminar Teilnehmer zu mir (Peter Essler), die enttäuscht vom Ergebnis waren. Als ich sie dann fragte, was ihre Enttäuschung ausgelöst habe, meinten sie, dass sie überhaupt nichts Neues entdeckt hätten. Alles, was ihnen bewusst geworden sei, sei ja schon länger bei ihnen da gewesen.

Ich kann diese Enttäuschung verstehen. Da beschäftigt man sich mit einem Aspekt der eigenen Identität und erhält als Ergebnis »nur« eine Bestätigung. Aus meiner langjährigen Praxis kann ich sagen, dass solche Bestätigungsergebnisse zwar vorkommen, dass es aber auch ganz neue und überraschende Erkenntnisse gibt, wenn sich ein Teilnehmer mit allen Inhalten einer Identitätsfindung auseinandergesetzt hat.

Man entdeckt immer wieder etwas Neues an sich. Doch bedeutet die Arbeit an der eigenen Identität nicht, nur nach Neuem zu jagen.

Noch ein letzter Hinweis zu der Aufgabe, sich die Dinge bewusst zu machen: Alle Aspekte, die dabei auftauchen, dürfen da sein. Vieles wird für Sie positiv sein, manches aber auch unangenehm oder negativ. Lassen Sie Unangenehmes oder Negatives einfach stehen. Auch solche Aspekte gehören zu Ihrer Identität. Verdrängen Sie sie nicht. Widerstehen Sie aber genauso der Versuchung, gedanklich und emotional in den unangenehmen Themen zu wühlen. Das ist jetzt nicht notwendig. Zu einem späteren Zeitpunkt können Sie entscheiden, wie Sie konstruktiv damit umgehen.

Aufgabe 2: Die eigene Mitte finden

Neben der Aufgabe, sich die einzelnen Aspekte der eigenen Identität bewusst zu machen, ist es ebenso bedeutsam, die eigene Mitte oder den Kern der eigenen Identität zu finden.

Mit Ihrer Mitte kommt etwas zum Ausdruck, was sozusagen urtypisch und unbedingt notwendig zu Ihrer Person gehört. Darin wird in besonderer Weise deutlich, wie Sie eigentlich sind. Nicht umsonst tragen wir Menschen eine tiefe Sehnsucht mit uns herum, genau diese Mitte in unserem Leben auszudrücken.

Wie gehen Sie in der Praxis vor, um Ihre eigene Mitte zu finden? Die Methode Ihrer Wahl heißt Unterschiedsbildung: Nehmen wir an, in einem der kommenden Workshops werden Ihnen zwei Eigenschaften vorgelegt, die Sie für sich einschätzen wollen. Sie stellen sich zunächst die schlichte Frage, welche der beiden Eigenschaften näher bei Ihnen liegt und welche weiter entfernt ist. Dann treffen Sie eine Entscheidung.

Warum funktioniert diese Methode? Weil Sie es unbewusst genau wissen. Damit bilden Sie zwischen den Eigenschaften einen Unterschied, was den Begriff Unterschiedsbildung erklärt. Anschließend nehmen Sie sich die nächsten beiden Eigenschaften vor und bilden hier den Unterschied.

Mit jedem einzelnen Schritt stärken Sie Ihre Kompetenz im Umgang mit Ihrer Identität. Die Entscheidung bei den meisten Eigenschaftspaaren wird Ihnen in der Regel leichtfallen. Es gibt aber auch Eigenschaftspaare, die Sie deutlich mehr herausfordern, und bei denen Ihnen die Entscheidung nicht leichtfällt. Auch das darf geschehen. Und wenn es in der Entscheidung mal ein Unentschieden gibt, so ist auch das in Ordnung. Mit dem Prozess der Unterschiedsbildung fangen Sie also an, Schritt für Schritt Ihre Mitte zu beschreiben. Zwangsläufig definieren Sie damit aber auch alles, was eben nicht zu Ihrer Mitte gehört.

Es gibt übrigens eine schöne Variante dieser Unterschiedsbildung, die die Unterschiede gewissermaßen körperlich erfahrbar macht. Dafür genügt eine einzelne Eigenschaft, die Sie bewerten wollen. Stellen Sie sich nun die Frage, wo Sie, von Ihrem Körper aus gesehen, diese Eigenschaft platzieren würden. Denken Sie räumlich. Ihr Körper weiß in der Regel genau, wo er die Eigenschaft haben möchte. Vor sich, hinter sich, neben sich, ganz weit weg, ganz nah? Wo würden Sie die Eigenschaft platzieren, wenn Sie sie wie einen Gegenstand im Raum positionieren könnten? Besonders interessant sind jene Eigenschaften, die Sie sehr nah an Ihrem Körper platziert haben. Es gibt Dinge, die Ihnen näher sind als andere. Das ist ein Ausdruck für Ihre Mitte.

Aufgabe 3: Integrieren

Neben der Kernidentität eines Menschen gibt es einen großen Raum, in dem die eigene Identität teilweise wählbar ist, gestaltet und ergänzt werden kann. Sie stellen sich also die Frage, ob Sie etwas in Ihre Identität integrieren wollen oder nicht.

Nehmen wir als Beispiel den Kleidungsstil. Identität hat ja nicht immer nur mit Charaktereigenschaften und Wesenszügen zu tun. Auch die Art, wie Sie sich kleiden, ist ein Ausdruck Ihrer Identität. Da es aber eine große Anzahl unterschiedlicher Kleidungsstile gibt, werden Sie nur einige wenige davon auswählen können. Ob Sie dies bewusst oder unbewusst tun – zwangsläufig findet ein individueller Abgleich statt. Sie prüfen also, ob ein Angebot für Sie stimmt und ob Sie es in Ihre Persönlichkeit integrieren wollen.

Die meisten Möglichkeiten werden Sie allein aus praktischen Gründen (weil es so viele Möglichkeiten gibt) für sich ausschließen und damit ablehnen. Indirekt setzen Sie beim Prozess des Integrierens selbstverständlich Prioritäten. Sie entscheiden darüber, was für Sie in Zukunft mehr Bedeutung haben soll und welche Alternative weniger oder überhaupt nicht infrage kommt.

Beim Integrieren sind aber noch zwei weitere Gesichtspunkte wichtig: das Tun und das Erzählen. Indem Sie etwas einüben oder dauerhaft tun, wird es Schritt für Schritt immer mehr zu einem Teil Ihrer Identität. Auch über das nachhaltige Umsetzen etwa einer Tätigkeit wird somit die eigene Identität geformt. Unsere Handlungen verändern uns. Mein Beruf als Trainer und Coach beispielsweise hat deutliche Spuren bei mir hinterlassen. Fragen Sie mal meine Familie (Peter Essler).

Zweitens geschieht das Integrieren über das Erzählen. Walter Kraus ist in seinem Buch »Das erzählte Selbst: Die narrative Konstruktion von Identität in der Spätmoderne« ausführlich darauf eingegangen, wie wichtig es zur Formung der eigenen Identität ist, von sich selbst zu erzählen.

Sowohl im Gespräch mit sich selbst als auch im Gespräch mit anderen werden Sie sich Ihrer Identität klarer bewusst. Zugleich festigt sich Ihre Identität dadurch. Sie haben schon sehr viel über sich gelernt, allein dadurch, dass es willige Zuhörer für Ihre Erzählungen gab. Beim Erzählen merken Sie und Ihr Gesprächspartner, was bei Ihnen schon gut ausgeprägt ist und was sich noch in der Prüfungsphase befindet. Die Kernfrage lautet: Was habe ich schon integriert und wo bin ich mir noch nicht sicher? Sie sollten allerdings beim Erzählen immer darauf achten, dass Sie sich nur an Menschen wenden, denen Sie voll vertrauen können.

Aufgabe 4: Zugeschriebenes hinterfragen

Diesen Aspekt kennt jeder von uns: Nicht ich selbst entscheide mich für einen Inhalt meiner Identität, sondern die Umwelt schreibt mir diesen Inhalt zu. Von mir wird dann erwartet, dass ich diesem Inhalt entspreche. Man spricht in diesem Zusammenhang von einer Zuschreibung. Eine solche Zuschreibung ist immer dann wirksam, wenn ich sie (vorerst) für mich annehme. Davon darf man sich aber keine romantisch verklärten Vorstellungen machen. Es geht hier eher darum, dass ich vor vollendete Tatsachen gestellt werde und (erst einmal) nicht anders kann, als mich dem Bild zu fügen, das andere von mir haben.

Der Prozess des Zuschreibens spielt sich natürlich am häufigsten in der Kindheit ab. Nahe Bezugspersonen wie Eltern oder Erzieher haben einen Wunsch, wie ich sein oder was aus mir einmal werden sollte (Beruf, Übernahme des Familienbetriebes, Lebensstil etc.). Als Kind übernehme ich normalerweise diese externen Vorstellungen, ohne bewusst darüber nachgedacht zu haben. Dies ist nicht tragisch und ist – mehr oder weniger – jedem von uns passiert.

Die Identitätsarbeit als Erwachsener besteht nun darin, solche Zuschreibungen zu entdecken (»Wer sagt eigentlich, dass ich ... machen oder ... sein soll?«) und sie einer Prüfung zu unterziehen. Manches davon werden Sie durchaus als stimmig und damit zu Ihnen selbst gehörig erleben. Nicht jede Zuschreibung muss somit verändert werden.

Einiges aber werden Sie als ungesund erleben. Generell gilt für Zuschreibungen der Grundsatz: Sie haben die Aufgabe, immer mehr zu der Person zu werden, die Sie tatsächlich sind. Leben Sie Ihr eigenes Leben und nicht das Leben, das sich andere Menschen von Ihnen wünschen.

Zuschreibungen zu hinterfragen ist sehr wichtig. Manche Menschen leiden darunter, in wesentlichen Aspekten ihres Lebens nicht ihren eigenen Ansprüchen und Zielen zu gehorchen. Die Praxis zeigt jedoch: Falls Sie eine Veränderung wollen und für notwendig halten, brauchen Sie Weisheit, Fingerspitzengefühl, Mut und vor allem Ausdauer. Nicht jede Person in Ihrem Umfeld wird Ihren Veränderungswunsch begrüßen und Sie dabei unterstützen. Ein externer Coach oder Wegbegleiter kann hier wertvolle Dienste leisten.

Aufgabe 5: Neues entdecken

In Ihnen steckt mehr, als Sie bisher geahnt haben. Früher dachte man, die Identität sei abgeschlossen mit dem Ende der Teenagerzeit. Heute ist klar, der Weg geht weiter. Auf diesem Weg werden Sie auf Dinge stoßen, die Sie bisher noch gar nicht entdeckt hatten. Entweder weil Sie an diese Aspekte nicht gedacht hatten oder weil Sie vielleicht eine leise Ahnung davon hatten, dieser Ahnung aber nie nachgehen konnten. Häufig entdeckt man bisher verschüttete Teile der eigenen Identität beiläufig und unbewusst.

So machte ich (Peter Essler) vor einigen Jahren mit meiner Familie zusammen eine Bergwanderung. Bis zu diesem Zeitpunkt waren wir noch nie gemeinsam zum Wandern in den Bergen, aber damals ergab es sich einfach so. Was ich zu Beginn der Wanderung nicht ahnte, war, wie sehr mich diese Aktion begeistern würde. Von da an habe ich immer wieder bewusst Bergwanderungen unternommen und im Laufe der Zeit für mich gelernt, dass Bergwandern etwas ist, was zu mir gehört.

Neben der zufälligen Entdeckung gibt es noch die Möglichkeit, ganz gezielt etwas Neues auszuprobieren. Dazu gibt es gerade heute viele Möglichkeiten. Zwei Strategien bieten sich an.

Erstens: Sie probieren etwas aus, was Sie schon immer einmal gern machen wollten. Einfach testen, es muss ja nicht gleich ein Hobby daraus werden. Beobachten Sie sich selbst dabei, was die Aktion in Ihnen auslöst. Fühlen Sie sich wohl damit, bleiben Sie dabei.

Die zweite Strategie zielt auf das wirklich Unbekannte. Wählen Sie ganz bewusst einmal eine Tätigkeit aus, die in Ihrem bisherigen Leben nicht vorgekommen ist. Gönnen Sie sich die Möglichkeit, mit etwas völlig Fremdem in Berührung zu kommen.

Ich (Peter Essler) habe für die Missionsorganisation einmal ein Seminar in Madagaskar durchgeführt. Nach dem Seminar hatte ich noch ein paar Tage Zeit, und das Team vor Ort bot mir an, an einem Einsatz im Urwald teilzunehmen. Das bedeutete, mit dem Hubschrauber hineinzufliegen in ein Dorf ganz ohne Strom und fließend Wasser. Übernachten sollten wir in einer kleinen Dorfhütte, fernab jeder sogenannten Zivilisation. Sollte ich das Angebot annehmen? Etwas Vergleichbares hatte ich noch nie gemacht. Ich nahm das Angebot gerne an und habe diese Zeit als großartig in Erinnerung. Dort habe ich wieder mehr über mich gelernt.

Aufgabe 6: Ablehnung auflösen

»So will ich nicht sein.« – »Mit dieser Eigenschaft möchte ich nichts zu tun haben.« Diese Aussagen kennen Sie vermutlich auch von sich selbst. Eine gängige Abwandlung davon lautet: »Eigentlich will ich so sein wie ...« oder »Am liebsten möchte ich eine andere Eigenschaft haben.« Gedanken dieser Art kommen zeitweise jedem von uns auf unserem Lebensweg mehr oder weniger intensiv in den Sinn. An diesen Stellen liegen wir im Kampf mit uns selbst oder mit der Person, die wir verantwortlich machen für unsere ungewünschte Identität. Wir hadern mit dem Schicksal und wünschen uns nichts sehnlicher, als dass dieser ärgerliche Zustand endlich vorbei sei.

Doch möglicherweise zweifeln Sie jetzt daran, dass wir durch die Beschäftigung mit dieser abgelehnten (Teil-)Identität in der Frage nach unserer Berufung wirklich weiterkommen. Oder ob es nicht einfacher und besser wäre, sich erst gar nicht damit zu befassen. Berufung ist doch ein erbauliches Thema – was sollen jetzt diese ärgerlichen Gedanken? Die Auseinandersetzung ist jedoch im besten Berufungssinne wertvoll. Hier liegt ein enormes Wachstumspotenzial.

Gerade weil diese abgelehnten Anteile in uns so unerfreulich sind, kosten sie uns eine Menge psychische Energie. Sie brauchen diese Energie, sonst könnten sie in uns gar nicht existieren. Sie wären nicht da, wenn wir sie nicht dauernd mit unserer emotionalen Energie versorgen würden. Das sind meist unbewusste Prozesse, sodass wir uns darüber oft gar nicht im Klaren sind.

Wenn es uns also gelingt, auf eine konstruktive Art und Weise damit umzugehen, steigern wir unseren inneren Frieden. Wir können die dadurch frei werdende Energie in andere, sinnvollere Aufgaben stecken. Doch wie gehen wir in der Praxis mit solchen Teilen unserer Identität um, die wir ablehnen?

Häufig, aber nicht gerade empfehlenswert ist folgender Weg: Man versucht, diesen Teil einfach auszublenden. Man verleugnet ihn oder redet und denkt möglichst nicht mehr daran. Wenn man könnte, würde man diesen Teil aus sich herausreißen und wegwerfen. Doch dieser Teil gehört ganz offensichtlich zur eigenen Person dazu. Jeder Versuch, das Unerwünschte in sich selbst zu töten, gleicht dem Versuch, einen Teil der eigenen Identität, und damit einen Teil von sich selbst, zu töten. Dieser Weg führt definitiv nicht zum Leben.

Ein hilfreicher Weg, mit den schwierigen Anteilen der eigenen Identität umzugehen, ist, sie anzunehmen und sich mit ihnen zu versöhnen. Ich gebe den Kampf auf und schließe einen inneren Frieden damit. Ich nehme mich so an, wie ich bin, und sage damit ganz ja zu mir. Ich versöhne mich mit meinem Lebensweg und den Entscheidungen, die ich getroffen habe. Dieser Weg ist nicht immer einfach, aber es liegt in meiner Hand, ihn zu gehen. Ich bin der Handelnde und der Gestalter. Ich höre auf, mich mit anderen zu vergleichen.

Abbas Paphnutios, ein ägyptischer Wüstenvater, sagt dazu: »An welchem Ort du auch hinkommst, vergleiche dich nicht mit anderen, und du wirst Ruhe finden.« Längst haben nicht nur Geistliche und Seelsorger, sondern auch Psychologen erkannt, wie zentral die Annahme der eigenen Person sowie die Versöhnung mit sich selbst für das gesamte Leben ist.

Kennen Sie Nick Vujicic? Er ist auf einem Video auf Youtube zu sehen. Der Australier wurde ohne Arme und Beine geboren. Sein Weg war nicht leicht, aber er hat es geschafft, seine Behinderung anzunehmen und sich sogar damit zu versöhnen. Heute ist er weltweit unterwegs, um bei Vorträgen und Seminaren Menschen dafür zu gewinnen, sich selbst so anzunehmen, wie sie sind. Dieser schwerstbehinderte Mensch strahlt Lebensfreude aus. Er ist ein wunderbares Beispiel dafür, welche Kraft frei werden kann, wenn man zum inneren Frieden mit sich selbst gelangt. Mehr Informationen zu Nick Vujicic finden Sie im Internet unter www.lifewithoutlimbs.org.

Aufgabe 7: Die eigene Gebrochenheit annehmen

Wer einen wachen Blick hat, den beschleicht zuweilen das Gefühl, dass mit dieser Welt etwas nicht stimmt. Es gibt Dinge, die keiner will, die aber dennoch geschehen und sich nie (ganz) verhindern lassen. Man kann dies Gebrochenheit nennen.

Betrachten wir ein Beispiel von Tausenden. Nehmen wir den Straßenverkehr. Jedes Jahr sterben und verletzen sich Tausende von Menschen durch Verkehrsunfälle. Durch Fahrtrainings der Verkehrsteilnehmer und verbesserte Technik sind die Zahlen rückläufig, was natürlich erfreulich ist. Aber Tatsache ist: Es wird Tote und Verletzte geben, solange es den Straßenverkehr gibt. Dies können wir Menschen nicht verhindern.

Gehen wir weg von der großen weiten Welt und hin zum eigenen sozialen Umfeld. Ein wacher Blick auf meine Umgebung, und mir ist klar, dass ich es mit nicht perfekten Menschen zu tun habe. Auch mit den anderen stimmt etwas nicht. Sie arbeiten an sich, und trotzdem gibt es Fehler und Versagen. Man könnte sagen, sie haben eine gebrochene Identität. Bei allen Bemühungen wird ein Mangel immer bleiben.

Doch das betrifft nicht nur die anderen. Wenn ich ehrlich zu mir selbst bin, ist klar, dass dieser Riss, diese Gebrochenheit mitten durch mich hindurchgeht. Es ist nicht nur die Welt da draußen, es sind nicht nur meine Mitmenschen, die »einen Schlag weg haben«. Nein, bei mir selbst ist es auch so. Auch ich habe eine gebrochene Identität. Aber was mache ich mit meiner gebrochenen Identität? Hat sie womöglich einen Sinn?

Die eigene gebrochene Identität muss ich zuerst einmal annehmen. Sie gehört genauso zu mir wie die Teile meiner Identität, mit denen ich mich gerne identifiziere. Diese Annahme nennt man Barmherzigkeit: Nicht mit mir selbst hart ins Gericht zu gehen, sondern mich so anzunehmen, wie ich bin, barmherzig mit mir zu sein. Wenn ich zu mir barmherzig bin, dann kann ich auch barmherzig mit meinen Mitmenschen und der Welt umgehen. Ich kann es ihnen nachsehen, wenn einmal wieder etwas nicht geklappt hat. In dieser Barmherzigkeit liegt auch der Sinn für mich. Barmherzigkeit zu erlernen, ist wesentlich für mich. In all den Arbeiten, Entwicklungen und im Gestalten meiner Person brauche ich auch den Anteil in mir, der behutsam mit mir umgeht, wenn es nicht so gut läuft.

Ein zweiter Gesichtspunkt kommt hinzu: Sobald ich mich als einen Menschen erkenne, der doch nicht so toll und genial ist, wie ich es (heimlich) gedacht habe, verändert mich das. Es macht mich menschlicher. In einem solchen Zustand lebe ich mit meiner Berufung sehr viel leichter, als wenn ich über den anderen Menschen schwebe.

Das richtige Wort dafür heißt Demut – in allen Teilen meiner Person so zu sein, wie ich wirklich bin. Für manche könnte sich dies nun gerade destruktiv oder schwächend anhören. Das Gegenteil ist der Fall. So sagt Abtprimas Notker Wolf, der als Chef der Benediktiner für 800 Klöster weltweit verantwortlich ist:

Es gehört für mich zu den wunderbaren Paradoxien des Lebens,
dass diese Demut einen Menschen nicht schwächer,
sondern stärker macht, weil sie von der Selbstüberschätzung,
der Machtbesessenheit und dem Erfolgszwang befreit.
Wenn uns an wahrer Autorität und nicht an willkürlicher Machtausübung liegt, dann müssen wir damit aufhören,
uns Sorgen um die Bedeutung unserer Person zu machen.

2.3 Im Überblick: Die Inhalte der Identität

Bisher haben wir uns damit beschäftigt, was Identität ist, welche Gestaltungsmöglichkeiten die heutige Zeit für die eigene Identität zulässt und welche Aufgaben im Umgang dabei helfen, sie klarer zu sehen und zu beschreiben. Der nächste Schritt zeigt nun, welche Inhalte zu einer Identität gehören. Von vielen wertvollen Ansätzen erscheint uns der Zugang von Romano Guardini (1885–1968) immer noch im Zusammenhang mit dem Berufungsweg besonders hilfreich. Guardini war ein genialer Denker. Als Theologe und Philosoph machte er sich viele Gedanken darüber, was den Menschen ausmacht. Nach seiner Auffassung ist das Wesen des Menschen durch die Geschichts-, die Wesens- und die Berufungsgestalt gegeben. Wenn wir versuchen, diese für uns nicht mehr zeitgemäß klingenden Worte in unsere heutige Sprache zu übersetzen, heißt dies: Die Identität eines jeden Menschen ist durch die drei Bereiche der Geschichte, der Ressourcen und der Perspektive gekennzeichnet. Darin werden auch die drei wesentlichen philosophischen Grundfragen »Wo komme ich her?«, »Was steckt in mir?« und »Wo gehe ich hin?« beantwortet. Damit haben wir auch einen »Fahrplan« für die praktische inhaltliche Auseinandersetzung mit der eigenen Identität gefunden.

Geschichte – Wo komme ich her?

Ein Blick in unsere Lebensgeschichte schenkt uns einen ersten Zugang zu unserer Identität. Die Identität ist während unseres Lebens geformt und geprägt worden. Jeder Tag, jede Stunde hat etwas in uns bewirkt. Nichts ist spurlos an uns vorübergegangen. Wenn wir auf Ereignisse, Erfahrungen oder Umstände in der Vergangenheit schauen, können wir entdecken, was uns geprägt hat. Im distanzierten Rückblick werden wir Dinge klarer sehen und Zusammenhänge besser erkennen. Søren Kierkegaard hat einmal gesagt: »Verstehen kann man das Leben rückwärts, leben muss man es aber vorwärts.« Es geht nicht um ein Wühlen und Aufwühlen der Vergangenheit. Vielmehr sollen die wesentlichen Linien sichtbar werden. Es geht um den roten Faden in unserem Leben. Darin können wir erkennen, was uns antreibt und motiviert. Was hat uns in besonderer Weise vorangebracht? An welchen Punkten haben wir in der Tiefe gespürt, dass wir gemeint waren?

Ressourcen – Was steckt in mir?

Was steht mir heute für den weiteren Bau meines Berufungsweges zur Verfügung? Alle Antworten zusammen bilden meine Ressourcen. Der Begriff Ressourcen wird hier in einem sehr umfassenden Sinn verwendet. Es kann um Begabungen, Kompetenzen, Charaktereigenschaften gehen, aber auch um Beziehungen, Finanzen, den eigenen Körper, soziale Netzwerke, die eigene Spiritualität und vieles mehr. Zur Gestaltung der Zukunft sind dabei jene Ressourcen von besonderer Bedeutung, die eine intrinsische Motivation bei mir auslösen. Intrinsisch ist der Ausdruck für eine Motivationsform, die mich selbst von innen heraus in Bewegung bringt. Auch hier geben uns die oben beschriebenen Aufgaben der Identitätsarbeit wichtige Fragen mit auf den Weg: Welche Bestandteile habe ich in meine Identität integriert? Welche sind für mich besonders wichtig? Was ist mir zugeschrieben worden? Welche mir zugeschriebenen Eigenschaften und Verhaltensweisen will ich behalten? Welche nicht? Will ich neue Ressourcen ausprobieren? Wenn ja, welche? – Die Antwort auf die Frage nach den Ressourcen unterliegt einer gewissen zeitlichen Veränderung. Sie ist immer auch ein Spiegel meiner aktuellen Verfassung.

Perspektive – Wo gehe ich hin?

Der Wille, die Zukunft zu gestalten, gehört zu den Grundeigenschaften des Menschen. Auch wenn wir nur im Heute leben können, so beschäftigen wir uns doch häufig damit, was wir in Zukunft erreichen oder verändern wollen. Diese Ausrichtung nach vorne gibt uns Orientierung. Sie ist extrem wertvoll dabei, Schwerpunkte im alltäglichen Leben zu setzen. Wer sich mit seiner Perspektive beschäftigt, schaut auf die Grundausrichtung seines Lebens, definiert aber noch nicht konkrete Ziele. Der Betreffende denkt viel mehr an die eigene Sehnsucht und Leidenschaft. Er orientiert sich in die Richtung, in die sich sein Leben grundsätzlich entwickeln soll.

2.4 Geschichte

2.4.1 Ihre Lebensentwicklung – eine spannende Reise

Verstehen kann man das Leben rückwärts,
leben muss man es aber vorwärts.

SØREN KIERKEGAARD, DÄNISCHER SCHRIFTSTELLER,
THEOLOGE UND PHILOSOPH

In der heutigen Zeit ist es angesichts der Fülle der Möglichkeiten nicht einfach, die wahre Berufung zu entdecken. Natürlich ist dies auch eine Frage der Lebenssituation. Es ist ein Unterschied, ob jemand 17 oder 28 oder 35 oder 50 oder 60 Jahre alt ist.

Romano Guardini beschrieb in seinem Buch »Die Lebensalter. Ihre ethische und pädagogische Bedeutung« die typischen Lebensphasen eines Menschen. Die Übergänge zwischen den einzelnen Phasen nannte er Krisen. Krisen sind also nach Guardinis Definition der Weg von der einen Phase in die nächste:

Eine Krise ist vom Grundsatz her eine Chance, eine Gefahr und eine Herausforderung zugleich. Die Chance liegt darin, Neues zu entdecken, mündig zu werden, Verantwortung für einen neuen Lebensabschnitt zu übernehmen, charakterlich reifer und »schöner« zu werden. Die Gefahr der Krise liegt darin, dass wir resignieren in der Herausforderung, uns als Opfer zu fühlen, andere für unsere Lebensgestaltung verantwortlich zu machen und letztlich zu Nörglern, Zynikern und somit unmündigen Menschen zu werden.

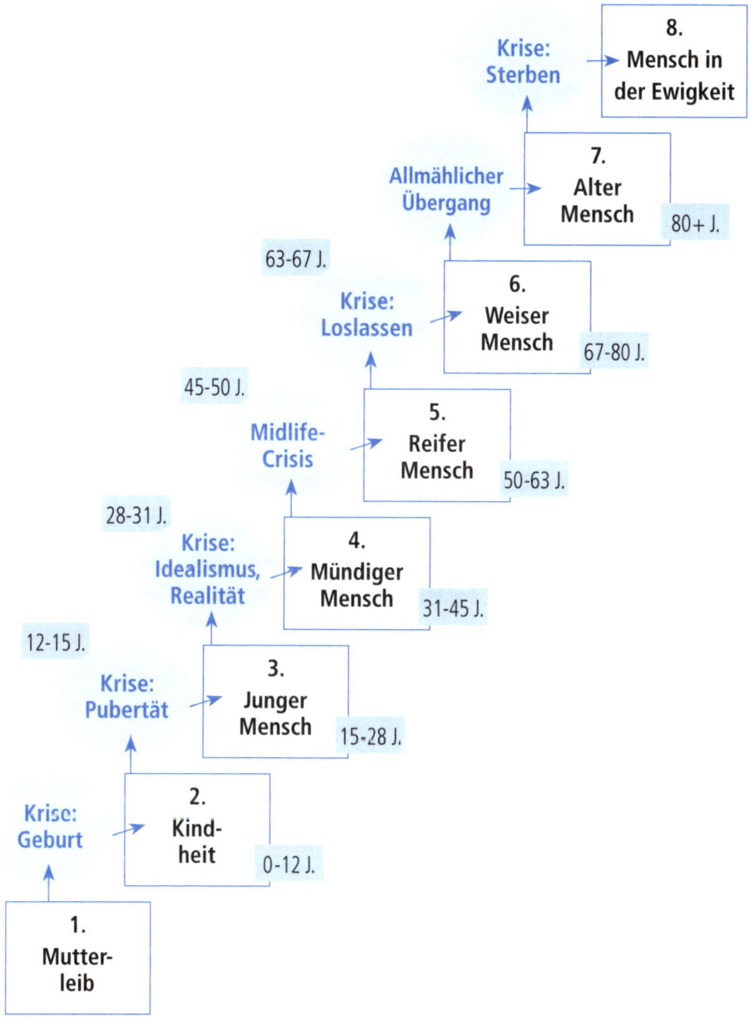

Bild 2.2 Lebensphasen nach Romano Guardini

Erste Lebensphase: Im Mutterleib

Die erste Phase unseres Lebens beginnt in dem Moment, in dem die Eizelle unserer Mutter mit der Samenzelle unseres Vaters verschmilzt.

Plötzlich fangen wir an zu leben und zu wachsen. Es ist unglaublich, wie vollkommen wir innerhalb weniger Wochen bereits sind. Es ist auch unglaublich, wie sehr unsere genetische Veranlagung uns von Anfang an prägt. Obwohl vieles für die moderne Wissenschaft noch rätselhaft erscheint, ist doch inzwischen bekannt, wie bedeutend diese erste Phase unseres Lebens im Mutterleib ist.

Unbestritten ist: Jeder von uns ist schon im Mutterleib eine ganz und gar einzigartige Persönlichkeit, die sich im Laufe des ganzen Lebens immer weiterentwickelt. Klar ist außerdem: Wir sind von Anfang an Teil einer Gemeinschaft (Mutter, Vater, Kind, Geschwister) und können uns ohne diese Gemeinschaft nicht gesund entwickeln. Wir werden aber auch durch sie geformt.

Die erste Krise, durch die wir als Menschen gehen, ist die Krise der Geburt. Sie ist der größte Schritt, den wir in unserem ganzen Leben zu bewältigen haben. Denn sie führt uns von der völligen Abhängigkeit im Mutterleib hin zur ersten Loslösung von der Mutter. Die gute Nachricht lautet: Diesen Schritt haben wir schon hinter uns gebracht! Schwieriger kann es nicht werden.

Zweite Lebensphase: Kindheit

Die ersten zwölf Jahre des Lebens sind eine große Entdeckungsreise, die Guardini hier als eine einzige Phase zusammenfasset, obwohl die Kindheit selbstverständlich sich wiederum in viele Zwischenphasen gliedert. Als Kind darf ich spielen, entdecken, lernen; und ich darf dies (vorausgesetzt, das Umfeld ist gesund) in der Geborgenheit einer Familie tun.

Die zweite Krise unseres Lebens findet in der Pubertät statt. Wir müssen das Kindsein ablegen und fragen uns: »Wer bin ich?« Wir wollen und müssen uns loslösen von unseren Eltern, ohne die Beziehung zu ihnen zu verlieren. Wir wollen erwachsen und verantwortlich werden, wissen aber noch nicht, wie das geht. Die wichtigste Frage ist hier: »Was ist meine Identität? Was will ich und was kann ich?« Die Herausforderung besteht darin, mündig zu werden.

Dritte Lebensphase: Junger Mensch

Hat ein Mensch den Übergang von seiner Kindheit und Pubertät ins junge Erwachsenenalter gesund geschafft, startet die Zeit der Selbstständigkeit. Sie ist gekennzeichnet vom Versuch, mündig zu sein. Wir nehmen uns die Freiheit, ganz wir selbst zu sein, und tragen gleichzeitig die Verantwortung für alles, was wir sind und tun. In dieser Phase soll man Ideale entwickeln, Freundschaften schließen, Entscheidungen treffen, einen Beruf erlernen.

Die dritte Krise kommt etwa im Alter von 30 Jahren nach der »Sturm-und-Drang-Zeit«. In dieser Zeit haben wir viel ausprobiert und auch viele verschiedene Aufgaben bewältigt. Wir haben vieles entdeckt und uns bestimmten Idealen verschrieben. Wir mussten aber auch erkennen, dass die Ideale nicht so leicht umzusetzen sind.

Genau dann kommt der Moment, in dem wir einsehen, dass wir uns nicht mehr in den verschiedensten Projekten verzetteln möchten. Wir wollen jetzt etwas Bleibendes bauen, eine Karriere beginnen, unseren Platz in der Welt finden, eine Familie gründen und wissen, wo das Ganze hinführt.

Der Mensch spürt jetzt, dass die nächsten 15 bis 20 Jahre die »Power-Jahre« des Lebens sind – die Zeit, in der man körperlich und geistig die Kraft hat, das eigene Lebenswerk aufzubauen. Auch hier wird die Berufungsfrage neu gestellt. Sie zielt auf die Entscheidung, worauf ich mich konzentrieren will, wie ich das Beste aus den nächsten Jahren heraushole, welches Land erobert werden soll und wie die Realität mit den Idealen in Einklang zu bringen ist.

Vierte Lebensphase: Mündiger Mensch

Hier errichten wir Menschen unser erstes Lebenswerk. Fachlich gesehen werden wir zum »Professional« (zu jemandem, der auf hohem Niveau ständig gute Ergebnisse bringt). Persönlich gesehen sind wir inzwischen ein erwachsener Mensch geworden, auf den Verlass ist und der Verantwortung übernimmt für sein Leben und für das Leben derer, die ihm anvertraut sind.

Übrigens gehören Frauen oder Männer, die den größten Teil ihrer Zeit damit zubringen, die gemeinsamen Kinder zu erziehen, genauso zu den Professionals wie jemand, der seine Aufgaben außerhalb des Heimes wahrnimmt.

Die vierte Lebenskrise, die berühmte »Midlife-Crisis«, spielt sich etwa im Alter von 45 Jahren ab. Nach dem Gründen und Aufbauen stoßen wir plötzlich an Grenzen.

Allmählich kommt Angst auf: Angst, alt zu werden. Angst, womöglich auf das Abstellgleis zu geraten. Manch einer verabschiedet sich in dieser Krise von dem, was er bis dahin erreicht hat. Manch einer gibt sich außerdem aus Angst vor dem Altern besonders jugendlich und glaubt, zur Bewältigung dieser Krise aufs Neue jung werden zu müssen. In Wirklichkeit aber ist jeder Mensch dazu geschaffen, weiterzugehen und neue Ebenen der Verantwortung zu erschließen. Die Berufungsfrage in dieser Krise lautet: »Wo ist mein Platz und worin besteht meine Verantwortung in unserer Gesellschaft? Wie kann ich mein Lebenswerk jetzt vollenden und mit Kraft und Autorität weiterentwickeln, damit ich vielen Menschen damit diene?«

Fünfte Lebensphase: Reifer Mensch

Auch diese Krise ist irgendwann überwunden – und zwar dadurch, dass wir uns erneut die Freiheit nehmen, wir selbst zu sein. Gleichzeitig übernehmen wir aufs Neue die Verantwortung für unser bisheriges Lebenswerk, und mit den Aufgaben, die vor uns liegen, wachsen wir heran zu reifen Menschen.

Bei den alten Griechen durfte man erst mit über 50 Jahren in die Politik einsteigen. Das Alter galt als Beleg dafür, die eigenen Lebenskrisen positiv bewältigt zu haben. Die Gesellschaft konnte somit sicher sein, dass man diese Person ungestraft »auf die Menschheit loslassen konnte«. In dieser fünften Lebensphase dürfen wir also hineinwachsen in eine breitere gesellschaftliche Verantwortung.

Doch gibt es sehr viele Menschen, die dies nicht als Vorrecht ansehen, sondern als Last. Das betrifft vor allem Menschen, die ihre Pubertät nicht richtig bewältigt haben und auch nicht gestärkt aus der zweiten Lebenskrise in den Dreißigern und aus der späteren »Midlife-Crisis« hervorgegangen sind.

Mit jeder unbewältigten Krise wird es schwieriger, die aktuelle Krise zu bewältigen. Denn es stellt sich die Aufgabe, die vorhergegangenen nicht aufgearbeiteten Krisen gleich mit zu klären.

»Alles hat seine Zeit« heißt es im alttestamentarischen Buch Kohelet. Wie wahr! Es ist sehr sinnvoll, diese Zeit jeweils zu nutzen und nicht alle Herausforderungen in die Zukunft zu verschieben. Irgendwann hat man sonst so viel aufgeschoben, dass man keine Energie mehr hat, die Fragen und ungelösen Probleme der letzten Jahrzehnte zu bewältigen. Besonders in den Fünfzigern und später Sechzigern resigniert man dann immer mehr und stellt fest, dass die eigene Lebensenergie Zug um Zug verloren gegangen ist. Der Sinn des reifen Lebensalters besteht sowohl darin, sein Lebenswerk zu vollenden, als auch darin, als Mensch charakterlich zur Blüte und Reife zu kommen. Die nächste Lebenskrise ereignet sich etwa im Alter von 65 Jahren. Wir sollen plötzlich loslassen und müssen lernen, unser Lebenswerk auf andere zu übertragen. Wir sind dazu aufgerufen, das Altern als Chance zu entdecken und nicht angstvoll zu erstarren oder zu resignieren.

Die Berufungsfrage lautet jetzt: »Was ist meine neue Aufgabe, meine neue Berufung? Wie kann ich weiterhin Verantwortung tragen? Wie kann ich als Mentor für andere da sein? Wie kann ich zum Wächter für unsere Gesellschaft werden, der eine Verbindung herstellt zwischen der Zukunft und dem Heute? Wie kann ich ein geistiges Zuhause bauen, in dem auch die Menschen in meiner Umgebung sich angenommen fühlen?«

Sechste Lebensphase: Weiser Mensch

Wer sein Lebenswerk übertragen hat, ist frei, Neues auf sich zu nehmen. Manch einer glaubt, die Berufung der Menschen über 60 läge hauptsächlich in der Freizeit. Dies ist aber ein gefährlicher Trugschluss.

Der Mensch braucht für eine gesunde mentale Entwicklung die Möglichkeit, seine Fähigkeiten sinnvoll einzusetzen und einen sinnvollen Beitrag zu einem größeren Ganzen zu leisten. Der Freizeit fehlt aber die entscheidende Komponente, um zu gesunden: die Verantwortung. Idealerweise bereitet man sich schon zwischen 55 und 60 auf die Phase vor, ein weiser Mensch zu werden und seine Zeit mit etwas Sinnvollem und gesellschaftlich Wertvollem zu verbringen. In dieser Zeit baut man idealerweise die Beziehungen auf, die auch im Alter von über 65 Jahren tragfähig und bereichernd sind.

Siebte Lebensphase: Alter Mensch

Ab dem Alter von 65 Jahren entwickeln sich natürlich alle Menschen unterschiedlich, da hier unter anderem Krankheiten eine große Rolle spielen. Doch beschreibt Romano Guardini noch eine weitere Lebensphase, die des alten Menschen über 80. Der Übergang vom weisen zum alten Menschen ist fließend; meist kommt es nicht zu einer ausgeprägten Krise.

Der alte Mensch ist dann derjenige, der noch mitten in seiner individuellen Berufung steht, aber zugleich lernt, das Leben im Lichte der Ewigkeit zu sehen.

Die letzte Krise ist das Sterben. Wie die Geburt geschieht auch das Sterben mit absoluter Sicherheit. Dieser Krise werden wir auf jeden Fall begegnen. Wir nehmen in dieser Zeit Abschied von dem, was bisher war, und finden den Einstieg in die Ewigkeit. Spätestens hier wird uns ganz klar, wie wir unser Leben gestaltet haben.

Blicken Sie zurück, befassen Sie sich mit Ihrer Geschichte

Das Leben entwickelt sich – siehe oben – in verschiedenen Phasen, in denen wir arbeiten, entdecken, erobern, reifen und altern. Wir Menschen haben die Chance, unser Leben miteinander und mit Gott zu gestalten.

In diesem Abschnitt geht es darum zurückzublicken. Versuchen Sie nun, die abstrakte Beschreibung der Lebensphasen und Krisen auf Ihre eigenen Erlebnisse und Erfahrungen zu übertragen. Finden Sie dazu eigene Überschriften und skizzieren Sie stichwortartig, was für Sie in einer bestimmten Phase oder Krise am prägendsten war. Damit wird der rote Faden in Ihrem Leben sichtbar. Denken Sie dabei auch an Lebenskompetenzen, die Sie sich in den jeweiligen Phasen oder Krisen angeeignet haben. Ich (Peter Essler) zum Beispiel habe schon sehr früh geheiratet, damit lag ein Schwerpunkt in der Phase als junger Mensch in der Aufgabe, eine Familie zu gründen und als Teil einer solchen zu leben.

Workshop: Ihre Lebensentwicklung

	Meine persönlichen Schwerpunkte in jeder Phase/Krise waren:	Diese Lebenskompetenzen habe ich dabei erworben:
Kindheit		
Krise: Pubertät		
Junger Mensch		
Krise: Ideal – real		
Mündiger Mensch		
Krise: Midlife		
Reifer Mensch		
Krise: Loslassen		
Alter Mensch		

Möglicherweise haben Sie in diesem Workshop festgestellt, dass Sie nicht nur die oben beschriebenen Krisen durchlebt haben, sondern auch andere. Es gab womöglich auch Krisen oder Brüche, die sich während einer Lebensphase ereignet haben und nicht erst beim Übergang von einer Phase zur nächsten. Solche Krisen nennt man biografische Krisen oder biografische Brüche. Sie treten ganz individuell auf und kommen zu den Krisen des Lebensmodells noch hinzu, die wir alle mehr oder weniger intensiv erleben.

Aber gleichgültig, ob es sich um eine generelle oder eine biografische Krise handelt: Konzentrieren Sie sich beim Nachdenken darüber auf die Frage, was Sie dabei an Lebenskompetenz erworben haben.

Ich (Peter Essler) habe als junger Menschen Physik studiert, was ich damals durchaus als Krise erlebte. Dabei habe ich aber besonders die Fähigkeit erworben, bei schwierigen und langwierigen Prozessen durchzuhalten. Über diese Fähigkeit bin ich heute sehr dankbar. Machen Sie sich also bei diesem Workshop auch die Kompetenzen und Fähigkeiten bewusst, die Sie im Laufe Ihres Lebens – manchmal auf schmerzhafte Weise – erworben haben.

2.4.2 Das familiäre Erbe

Durch den Blick auf die persönliche Vergangenheit bekommen Sie Zugang zu verschiedensten Ressourcen, die bereits vorhanden waren oder die im Laufe Ihres Lebens dazukamen. Ein Teil davon ist älter als Sie selbst. Auch wenn jeder Mensch einzigartig ist und es eine Person wie ihn noch nie vorher gegeben hat und auch nie wieder geben wird, so sind wir doch nicht völlig unabhängig auf die Welt gekommen. Wir können an uns Eigenschaften und Merkmale entdecken, die auch schon unsere Eltern oder Großeltern haben beziehungsweise hatten.

Das ändert nichts an unserer Einzigartigkeit, zeigt aber das Umfeld, in dem sich diese Einzigartigkeit entwickelt hat. Der Blick auf das Leben unserer Eltern und Großeltern kann uns das Vorhandensein eigener Ressourcen bestätigen. Zugleich ist es nicht selten eine Quelle für unentdeckte Möglichkeiten.

Bei der Beschäftigung mit den Eigenschaften, Fähigkeiten und Vorlieben der Vorfahren kann sich zudem noch eine andere Dynamik entwickeln: Unsere Vorfahren haben wir vielleicht nicht so erlebt, dass wir mit Stolz und Freude auf sie blicken. Uns fallen spontan viele Dinge ein, die in ihrem Leben nicht funktioniert haben. Darum möchten wir nicht selten das familiäre Erbe überspringen und beim nächsten Kapitel weiterlesen. Wenn es Ihnen so geht, dann ist die Beschäftigung mit dem familiären Erbe erst recht ein wichtiger Schritt, der neues Wachstum ermöglicht. Gelingt es Ihnen nämlich, die Sichtweise auf Ihre Eltern und Großeltern auch nur ein wenig zu verändern, sind Sie selbst einen großen Schritt weiter.

Um Ihr persönliches familiäres Erbe besser kennenzulernen, empfehle ich Ihnen den nächsten Workshop. Es geht um Folgendes: In den Diagrammen unten können Sie eintragen, was Ihnen zu Ihren Eltern und Großeltern einfällt. Beschäftigen Sie sich jeweils ein paar Minuten mit jeder einzelnen der sechs Personen (Vater, Mutter, Großeltern väterlicherseits und mütterlicherseits).

Gehen Sie nun vor wie ein Goldsucher. Suchen Sie in jeder Person das Besondere und Wertvolle. Finden Sie das Potenzial, das in jeder Person steckte oder steckt. Falls Ihre Gedanken an Ereignissen haften bleiben, in denen Sie kein Potenzial entdecken können, kehren Sie bewusst wieder zurück zur Ausgangsfrage: Es geht um das Potenzial, das in jedem steckt(e).

Versuchen Sie, diesen Workshop sportlich zu sehen und möglichst viele wertvolle Gedanken über Ihre Vorfahren aufzuschreiben. Um möglichst viel zutage zu fördern, finden Sie zu jeder Person ein paar Leitfragen. Falls Ihnen über diese Fragen hinaus noch weitere Dinge einfallen, dann ist es umso besser. Notieren Sie sich auch diese Dinge.

Manche Teilnehmer in Seminaren taten sich schwer damit, das Positive aufzuschreiben, da ihnen bei jedem Mensch auch vieles einfiel, was negativ war. Es fühlte sich für sie an, als müssten sie einen wesentlichen Teil (das Negative) verleugnen. Natürlich gibt es immer beides. Doch der

Blick auf das Negative fällt uns Menschen leider oft leichter als der auf das, was gut ist. Darum sollten Sie bei diesem Workshop vor allem auf die positiven Eigenschaften, Fähigkeiten und Vorlieben der einzelnen Vorfahren schauen, ohne dabei jedoch das Negative zu verleugnen.

Was fällt Ihnen alles zu den Fragen ein? Schreiben Sie Ihre Gedanken auf. An dieser Stelle noch ein kleiner Praxistipp: Wenn Sie über einzelne Personen wenig oder gar keine Informationen haben, überlegen Sie, wen Sie dazu befragen könnten. Binden Sie andere Menschen ruhig in diesen Workshop mit ein.

Betrachten Sie nun alles, was Ihnen eingefallen ist. Lassen Sie diese Ergebnisse auf sich wirken. Vielleicht ergeht es Ihnen ähnlich wie so manchem Teilnehmer in unseren Seminaren: Viele sagten, sie hätten noch nie zuvor bewusst über ihre Vorfahren nachgedacht. Andere erzählten, sie fingen an, Dankbarkeit gegenüber ihren Eltern und Großeltern zu entwickeln. Ihr Blick auf die Vorfahren hat sich verändert.

Auch wenn sich Dankbarkeit nicht erzwingen lässt, ist doch die Wahrscheinlichkeit sehr hoch, dass sie sich einstellt, wenn Sie Ihre Herkunftslinie mit einer positiven Einstellung und mit Wertschätzung für die jeweilige Person betrachten. Diese Dankbarkeit kann eine ausgezeichnete Brücke sein, um sich mit den negativen Eigenschaften der eigenen Eltern und Großeltern zu versöhnen.

Das Gesamtbild wird nun realistischer. Sie sehen beides: Dinge, die Ihnen wertvoll erscheinen ebenso wie Dinge, die aus Ihrer Sicht destruktiv sind und die in Ihren Gedanken bisher womöglich dominiert haben. Damit fällt es Ihnen auch leichter, Schlechtes in Ihrer Erinnerung loszulassen.

Für den Berufungsweg ist das ein sehr wichtiger Schritt. Wenn ich etwas Negatives nicht loslasse, ist es an mich gebunden. Das kann man sich sehr gut bildlich vorstellen: Festhalten ist nichts, was von selbst geschieht. Man muss dafür Energie investieren. Hier kommt mal wieder der Physiker in mir durch. Solange diese Energie aufgewendet wird, um etwas festzuhalten, so lange fehlt sie für andere Dinge im Leben – und ganz besonders für den Weg nach vorne. Loszulassen bringt Erleichterung und Befreiung. Darin liegt der tiefere Sinn dieses Workshops.

Großvater väterlicherseits

Beruf(e) und die dazugehörigen Tätigkeiten und Kompetenzen

Hobbys/Interessen/Ehrenamt

Bevorzugte und geliebte Tätigkeiten

Typische Merkmale bzw. Eigenschaften

Legt(e) besonders Wert auf ...

Großmutter väterlicherseits

Beruf(e) und die dazugehörigen Tätigkeiten und Kompetenzen

Hobbys/Interessen/Ehrenamt

Bevorzugte und geliebte Tätigkeiten

Typische Merkmale bzw. Eigenschaften

Legt(e) besonders Wert auf ...

Vater

Beruf(e) und die dazugehörigen Tätigkeiten und Kompetenzen

Hobbys/Interessen/Ehrenamt

Bevorzugte und geliebte Tätigkeiten

Typische Merkmale bzw. Eigenschaften

Legt(e) besonders Wert auf ...

Großvater mütterlicherseits

Beruf(e) und die dazugehörigen Tätigkeiten und Kompetenzen

Hobbys/Interessen/Ehrenamt

Bevorzugte und geliebte Tätigkeiten

Typische Merkmale bzw. Eigenschaften

Legt(e) besonders Wert auf ...

Großmutter mütterlicherseits

Beruf(e) und die dazugehörigen Tätigkeiten und Kompetenzen

Hobbys/Interessen/Ehrenamt

Bevorzugte und geliebte Tätigkeiten

Typische Merkmale bzw. Eigenschaften

Legt(e) besonders Wert auf ...

Mutter

Beruf(e) und die dazugehörigen Tätigkeiten und Kompetenzen

Hobbys/Interessen/Ehrenamt

Bevorzugte und geliebte Tätigkeiten

Typische Merkmale bzw. Eigenschaften

Legt(e) besonders Wert auf ...

Zusätzlich geht es aber, wie eingangs schon erwähnt, auch um das Aufspüren von inneren Ressourcen. Gehen Sie Ihre Aufzeichnungen nochmals durch und übertragen Sie in die nachfolgende Aufstellung alle Eigenschaften, die Sie auch von sich selbst kennen. Diese Eigenschaften sind ein Stück des roten Fadens, der Ihre Person ausmacht, der seine Ursprünge aber schon bei Ihren Großeltern und Eltern hat. Sie sind ein Teil Ihrer Wurzeln.

Bei mir selbst

Auch ich übe in meinem Beruf diese (oder ähnliche) Tätigkeiten und Kompetenzen aus:
Wiedererkannte Hobbys/Interessen/Ehrenämter
Wiedererkannte bevorzugte und geliebte Tätigkeiten
Wiedererkannte typische Merkmale bzw. Eigenschaften
Auch ich lege besonders Wert auf ...

Gehen Sie nun ein letztes Mal Ihre Notizen über das familiäre Erbe durch. Gibt es möglicherweise Ressourcen oder Eigenschaften, die Sie zwar auch besitzen, die aber bisher in Ihrem Leben keine Rolle gespielt haben? Welche Potenziale könnten Sie womöglich noch entwickeln? Gibt es da ein, zwei oder drei Dinge, die Ihnen auffallen? Das wäre nicht untypisch für den Berufungsweg: Beim Gehen entdeckt man immer wieder Neues. Damit diese Ideen nicht verloren gehen, tragen Sie diese Entdeckungen in die nächste Tabelle ein.

Diese Eigenschaften, Themen, Potenziale oder Ressourcen könnten für mich in Zukunft noch eine größere Bedeutung haben:

2.4.3 Wertvolle Prägungen

Ich (Peter Essler) habe schon in jungen Jahren angefangen, mich für Fußball zu interessieren. In meiner Kindheit und Jugend gab es einen Spieler, der mich faszinierte. Es handelt sich um Berti Vogts, der damals in der berühmten Mönchengladbacher Mannschaft spielte. Warum fand ich gerade diesen Spieler so spannend und nicht einen anderen?

Als Kind stellte ich mir diese Frage selbstredend nicht. Ich reagierte ganz intuitiv auf diesen Menschen. Heute ist mir klar, dass die scheinbar willkürliche Auswahl genau dieses Fußballspielers in Wirklichkeit etwas mit mir zu tun hat. In diesem Menschen erkannte ich etwas von mir, eine Eigenschaft, eine Stärke, eine Sehnsucht. Das machte die spätere Auseinandersetzung mit ihm für mich so wertvoll.

Über ein solches »Medium«, in diesem Fall über einen anderen Menschen, lerne ich mehr über mich selbst. Das Faszinierende dabei ist, dass wir alle viele solcher »Medien« haben. Es müssen nicht unbedingt Personen sein. Auch Bücher, Filme, Musikstücke sind denkbar. Im Laufe unseres Lebens gibt es unzählige Menschen und Dinge, die ihren Reiz auf uns ausüben. Aber nur eine kleine Anzahl hat uns so stark bewegt, dass wir uns heute noch daran erinnern. Das sind die wertvollen Impulse, die eine Prägung in uns hinterlassen haben. Durch sie erfahren wir mehr über uns selbst und lernen damit auch mehr über unseren Berufungsweg.

In der nachfolgenden Tabelle können Sie solche besonderen Menschen, Dinge, Beschäftigungen oder Vorlieben auflisten. Um Ihrem Gedächtnis auf die Sprünge zu helfen, finden Sie mögliche Kategorien, in denen Sie auf solche prägenden Impulse stoßen könnten. Benennen Sie in der linken Spalte mit einem Stichwort den jeweiligen Impuls und suchen Sie dann in der rechten Spalte Worte, die beschreiben, was daran prägend war.

	Wer oder was	Das Prägende daran war, dass ...
(Mit-)Menschen/ Begegnungen		
Beruf		
Projekte		
Bücher/Texte/ Musik/Filme		
Hobbys		
Meditation/Gebet		
Nöte von ...		
Sonstige Prägungen		

Arbeiten Sie nun in einem zweiten Schritt die drei bis fünf wichtigsten Prägungen heraus. Gehen Sie Ihre Notizen durch und versuchen Sie, die Kernpunkte zu entdecken. Was sind die wichtigsten Prägungen, die Sie auf Ihrem Lebensweg erfahren haben? Halten Sie diese Gedanken in dem nachfolgenden Kasten fest:

Meine drei bis fünf wichtigsten Prägungen sind ...

2.4.4 Milieu

Anfang 2010 veröffentlichte Bernd Schmid, einer der gefragtesten Coachs in Deutschland, in der Zeitschrift »Organisationsberatung Supervision Coaching« (OSC) einen Artikel mit dem Titel »Milieu – ein wenig beachteter Faktor im Coaching«. Auch wenn es sich bei diesem Buch um kein Coachingfachbuch handelt, so ist die in diesem Artikel angesprochene Thematik doch auch bei der Frage nach der Berufung sehr wichtig.

Das Milieu ist sicher verwandt mit den Prägungen, die Sie im letzten Abschnitt kennengelernt haben, aber dennoch handelt es sich dabei um ein eigenständiges Thema. Die Beschreibung des Milieus und die Auseinandersetzung damit gibt mir Auskunft darüber, wo ich mich zuhause fühle und wo eben nicht. In einem Milieu, in dem ich mich zuhause fühle, werde ich auch die größte Wirksamkeit bei meinen Aufträgen (Kapitel 4) erreichen.

Was wird durch den Begriff Milieu beschrieben? Unter dem Milieu versteht man laut Bernd Schmid »die Gemeinsamkeit der räumlichen, kulturellen und sozialen Bedingungen«, die einen Menschen im Laufe seiner Geschichte prägen. Hinter den sozialen Bedingungen verbergen sich Begriffe wie »Normen und Gesetze«, »wirtschaftliche und politische Gegebenheiten« sowie die »innere geistige Umgebung«, die sich in »Mentalitäten und Gesinnungen« äußern. Oder um es vereinfacht auszudrücken, das Milieu ist das Umfeld, in dem ich groß geworden bin. Dazu habe ich als Kind natürlich keine Überlegungen angestellt. Aber da das Milieu immer da war, habe ich es tagein, tagaus regelrecht eingeatmet wie Luft. Entsprechend groß ist der Einfluss, den es auf meine Identität genommen hat.

Bevor ich Sie einlade, das Milieu zu beschreiben, das Sie am meisten geprägt hat, möchte ich Ihnen noch einen Hinweis geben. Die ehrliche Auseinandersetzung mit dem eigenen Milieu führt schnell zu Neid. Oder, um es mit Bernd Schmid zu sagen: »[...] über Milieus und Grenzen offen zu kommunizieren ist jedoch schwierig, weil dies leicht am Minderwertigkeitsgefühl und Unbehagen rührt«.

Das heißt, ich spüre zwar, zu welchem Milieu ich gehöre, aber eigentlich möchte ich zu einem anderen, in der Regel höheren Milieu gehören – was auch immer »höher« für mich bedeutet.

Der soeben beschriebene innere Konflikt ist höchst interessant im Hinblick auf den Berufungsweg. Über das eigene Milieu und die Neidgefühle, die es womöglich auslöst, nicht zu reden, wäre sicher keine Lösung. Auch eine andere Lösungsstrategie funktioniert nur bedingt, nämlich »durch Ehrgeiz, Bildung und Bemühen« aufzusteigen. Das heißt nicht, dass ein Aufstieg in ein anderes Milieu nicht möglich wäre, doch stellte Bernd Schmid ganz richtig fest:»Sich in einem nicht vertrauten Milieu zurechtzufinden, dauert oft lange.«

Aber selbst ein Milieu ist kein starres Gebilde, sondern verändert sich ständig. Der Weg aus Neid und Tabuisierung heraus führt darüber, das

Milieu anzunehmen, in dem ich nun einmal aufgewachsen bin. Sagen Sie »Ja« zu Ihrem Milieu. Arbeiten Sie daran, dass Ihnen das wirklich gelingt. Sonst haben Sie immer das Gefühl, dass etwas ganz Grundlegendes mit Ihnen nicht stimmt.

Das Milieu anzunehmen bedeutet, sich wertschätzend damit auseinanderzusetzen. Wir alle haben uns nicht freiwillig für das Milieu entschieden, in dem wir aufgewachsen sind. Doch haben wir die Freiheit, uns zu entscheiden, welche Haltung wir gegenüber diesem Milieu entwickeln. Dabei hilft Ihnen der nächste Workshop.

Versuchen Sie, das Milieu, in dem Sie groß wurden, mit verschiedenen Begriffen zu beschreiben. Arbeiten Sie am besten mit Stichpunkten. Die vorgegebenen Kategorien sollen eine Inspiration sein und erheben keinen Anspruch auf Vollständigkeit. Schreiben Sie die Worte zur Beschreibung Ihres Milieus in die mittlere Spalte.

Überlegen Sie dann, wie Sie mithilfe dieser Prägungen durch das Milieu die Welt schon ein wenig besser gemacht haben oder in Zukunft besser machen könnten. Damit richten Sie die Aufmerksamkeit auf die Möglichkeiten, die in diesen Prägungen verborgen sind. Sehen Sie Ihr Milieu als Chance an. Bevor Sie loslegen, noch ein kleines Beispiel aus meiner eigenen Lebensgeschichte:

Meine Kindheit war davon geprägt, als Familie mit wenig Geld zurechtkommen zu müssen. Dazu trug das Vorbild meiner Eltern bei. Sie schafften es immer irgendwie, ohne Fremdmittel über die Runden zu kommen. Diese Prägung gibt mir heute die Möglichkeit, auch ohne überbordenden Reichtum als Vorbild zu fungieren – als Vorbild in Bezug auf einen Lebensstil, der nicht auf Kredite angewiesen ist. Das ist Freiheit.

	Beschreibung des Milieus: Wodurch war es gekennzeichnet?	Wie konnte oder kann ich damit die Welt ein bisschen besser machen? Wie kann ich dadurch andere Menschen positiv prägen?
Wirtschaftliche Gegebenheiten		
Soziale Gegebenheiten		
Gesellschaftliche Gegebenheiten		
Kulturelle Gegebenheiten		
Politische Gegebenheiten		
Zeitströmungen/ Zeitgeist		
Schulische Gegebenheiten		
Sonstige Gegebenheiten		

2.5 Ressourcen

»Jeder Mensch ist einzigartig begabt.« Das ist nicht nur ein Glaubenssatz, sondern eine mittlerweile nachgewiesene Realität. Der Forscher Arthur Miller hat dies beispielweise bei über 6 000 Personen beobachtet. Er wollte wissen, welche Grundfähigkeiten sie haben und ob diese schon seit ihrer Kindheit angelegt waren. Miller stellte fest, dass jeder der 6 000 Menschen zumindest zehn unterschiedliche Fähigkeiten besaß. Bei allen waren diese zu einem großen Teil schon in der Kindheit als Anlage rudimentär vorhanden.

Offensichtlich sind wir Menschen ausgestattet mit verschiedensten Fähigkeiten, Neigungen und Wertvorstellungen, die uns wie ein Paket als Ressourcen zu Verfügung stehen. Romano Guardini nannte dieses Paket die Wesensgestalt des Menschen. Zusammen mit unserer Geschichtsgestalt bilden diese beiden Gestalten laut Guardini die Grundlage, auf der unsere Berufungsgestalt aufgebaut wird.

Interessant ist: Wenn wir dieses Paket Ressourcen einsetzen, dann kommt unsere Motivation von innen; wir werden intrinsisch motiviert. Die Verhaltensforschung ist schon seit mehr als 100 Jahren damit beschäftigt, das Phänomen »Motivation« zu ergründen. Daniel Pink beschreibt diese Entwicklung in seinem Buch »Drive: The Surprising Truth About What Motivates Us« sehr treffend auf folgende Art und Weise:

Drei Ebenen der Motivation nach Daniel Pink

Motivation 1.0	▶ überleben wollen im Konkurrenzkampf
Motivation 2.0	▶ motiviert werden durch Belohnung oder Strafe
Motivation 3.0	▶ intrinsisch motiviert sein durch a. Meisterschaft b. Autonomie c. Singgebung

Die Grundlage für diese »Motivation 3.0« haben unter anderem zwei der bedeutendste Psychologen des 20. Jahrhunderts gelegt: Alfred Adler und Viktor Frankl. Beide waren Schüler von Freud, aber entwickelten die Grundlage der Psychologie und Psychiatrie bedeutend weiter. Alle drei waren jüdische Ärzte, die Anfang des 20. Jahrhunderts in Wien lebten. Alfred Adler flüchtete in den dreißiger Jahren vor den Nazis in die USA, wo er mit seiner Individualpsychologie großen Einfluss auf dieses Wissensgebiet gewann. Viktor Frankl blieb in Wien, um seiner Familie Schutz zu bieten. Doch das half nichts. Seine Eltern, Geschwister und seine Ehefrau wurden alle im KZ ermordet. Er selbst überlebte allerdings fünf Konzentrationslager, darunter das Vernichtungslager Auschwitz. Danach schrieb er sein weltberühmtes Buch »Trotzdem ja zum Leben sagen. Ein Psychologe erlebt das Konzentrationslager«. Frankls Einfluss ist auch heute noch maßgeblich. Viele bekannte Autoren, wie etwa Stephen Covey und Daniel Pink, haben von ihm Wesentliches gelernt.

Alfred Adler und Viktor Frankl interessierten sich dafür, was ein Mensch braucht, um sich geistig gesund zu entwickeln und zu einem gesunden, mündigen Menschen zu werden. Ihrer Meinung nach ist dazu Folgendes nötig:

Was muss der Mensch tun, um sich gesund zu entwickeln?

Seine ureigenen Stärken (Meisterschaft)

- entdecken
- entwickeln
- trainieren bis zur Professionalität
- einsetzen innerhalb einer Gemeinschaft
- und dies genießen

Seinen einzigartigen Platz (Autonomie) innerhalb eines Teams

- entdecken
- einnehmen

- sich dort weiterentwickeln
- und dies genießen

Den Sinn in seinem Beitrag am Ganzen

- entdecken
- entfalten
- erfahren
- und dies genießen

Unsere Begriffe »Fähigkeiten und Persönlichkeitsstärken« beschreiben das, was Pink mit »Meisterschaft« und Adler sowie Frankl mit »Stärken« bezeichnet haben. »Motivierende Umgebungsfaktoren« ist unser Begriff für »Autonomie« (nach Pink) und »Platz« (nach Adler/Frankl). Mit dem Wort »Werte« beschreiben wir den Bereich »Sinngebung« (nach Pink/Adler/Frankl).

Intrinsisch motiviert werden Sie also beispielsweise, wenn Sie an Ihrer Arbeitsstelle

- einige Ihrer Fähigkeiten und Persönlichkeitsstärken einsetzen können,
- einige der Umgebungsfaktoren erleben, die Sie motivieren, und
- einige Ihrer Werte ausleben können.

Je mehr sich die vier Kreise der intrinsischen Motivation mit dem Job-Kreis überschneiden, desto mehr werden Sie von innen heraus motiviert und desto mehr Energie gibt Ihnen diese Arbeitsstelle. Nach dem Pareto-Prinzip erzielen Sie mit 20 Prozent Ihrer Zeit 80 Prozent Ihrer Wirksamkeit (weil Sie in dieser Zeit offensichtlich Ihre Top-Stärken am richtigen Platz einsetzen). Das würde dafür sprechen, dass es überaus lohnenswert wäre, sich einen Arbeitsplatz zu suchen, bei dem es zumindest eine

Bild 2.3 Ressourcen, die eine intrinsiche Motivation ermöglichen

20-prozentige Überschneidung der vier Kreise mit dem eigenen Arbeitsplatz gibt.

Darum lohnt es sich, auf der Entdeckungsreise nach Ihrer Berufung diese vier Kreise genauer zu erforschen. Das werden wir in diesem Unterkapitel »Ressourcen« tun. Zunächst konzentrieren wir uns auf die Fähigkeiten, die persönliche Stärke und die motivierenden Umgebungsfaktoren, also drei der vier oben abgebildeten Kreise. Zusätzlich schauen wir uns noch einen Aspekt etwas genauer an, der eigentlich zu den Fähigkeiten und Stärken gehört, nämlich die Intelligenz. Falls Sie sich fragen, wo denn dann der vierte Kreis »Werte« bleibt – damit werden wir uns im folgenden Unterkapitel »Perspektiven« beschäftigen.

2.5.1 Fähigkeiten

Im Bereich der Fähigkeiten gibt es natürliche motivierende Fähigkeiten, wie Arthur Miller sie nennt. Diese sind angeboren, gehören also zu meinem Paket an Grundressourcen dazu. Sie motivieren mich und versorgen mich mit Energie, wann immer ich sie einsetze. Wenn ich (Paul Donders) zum Beispiel Konzepte entwickle und beschreibe, kann ich dies drei Stunden am Stück tun und bin hochmotiviert bei der Sache. Ein Onkel von mir, pensionierter General der niederländischen Armee, ist ein begabter Maler. Wenn er mit seiner Frau in den Urlaub fährt, malt er fast jeden Tag ein neues Bild. Dadurch ist der Tag für ihn rundum gelungen.

Neben diesen natürlichen motivierenden Fähigkeiten entwickeln wir auch verschiedene andere, angelernte Fähigkeiten. Diese beherrschen wir möglicherweise auch exzellent, aber sie liefern uns keine intrinsische Motivation oder Energie. Womöglich gehören solche Fähigkeiten zu unserer »Geschichtsgestalt«. Es kann durchaus auch sinnvoll sein, sie bei unserer Berufung einzusetzen. Allerdings ist es sinnvoller, uns auf unser Paket an grundsätzlichen Ressourcen zu konzentrieren, da vor allem diese die Möglichkeit bieten, zum »Professional« oder sogar zum Meister zu werden. Auf dem Weg liefern sie zudem auch noch innere Motivation und Energie, die wir brauchen, um genug »Flugstunden« in unserem Fach zu absolvieren und damit zum Überflieger zu werden.

In der folgenden Übersicht haben wir 48 Basisfähigkeiten zusammengestellt (die Aufstellung beruht auf Arbeiten von Arthur Miller und Richard Nelson Bolles).

48 Fähigkeiten aus dem Grundpaket der Ressourcen

Umgang mit Menschen

- ○ ○ Anleitungen folgen
- ○ ○ dienen
- ○ ○ nachempfinden, Mitleid haben
- ○ ○ kommunizieren
- ○ ○ überzeugen
- ○ ○ verhandeln, entscheiden
- ○ ○ gründen, aufbauen
- ○ ○ behandeln
- ○ ○ beraten
- ○ ○ unterrichten
- ○ ○ führen
- ○ ○ bei Konflikten vermitteln

Umgang mit Information

- ○ ○ verwalten
- ○ ○ kalkulieren
- ○ ○ Dinge ins Rollen bringen
- ○ ○ forschen
- ○ ○ bewerten
- ○ ○ organisieren
- ○ ○ verbessern, anpassen
- ○ ○ logisch denken
- ○ ○ planen, entwickeln
- ○ ○ strukturieren
- ○ ○ Konzepte entwickeln
- ○ ○ integrieren

Umgang mit Dingen und Tieren

- ○ ○ Gegenstände behandeln
- ○ ○ mit Erde und Natur arbeiten
- ○ ○ Maschinen bedienen
- ○ ○ mit dem Computer umgehen
- ○ ○ Präzisionsarbeit ausführen
- ○ ○ bauen
- ○ ○ malen, anstreichen
- ○ ○ reparieren
- ○ ○ dekorieren
- ○ ○ mit Elektronik umgehen
- ○ ○ kochen, backen
- ○ ○ mit Tieren umgehen

Bereich Kreativität

- ○ ○ vorführen, amüsieren
- ○ ○ musizieren
- ○ ○ bildhauerisch tätig sein
- ○ ○ tanzen
- ○ ○ Pantomime aufführen
- ○ ○ Theater spielen
- ○ ○ zeichnen
- ○ ○ designen, entwerfen
- ○ ○ schreiben
- ○ ○ kreativ denken
- ○ ○ fotografieren
- ○ ○ Sport treiben

Um einen ersten Einblick in Ihr Ressourcenpaket zu bekommen, fragen Sie sich zuerst:

- Welche dieser Fähigkeiten setze ich gerne ein oder würde ich gerne einsetzen? Kreuzen Sie in den ersten Kreisen so viele Fähigkeiten an, wie Sie mögen.
- Fragen Sie sich danach: Welche dieser Fähigkeiten haben sich schon zu Stärken entwickelt? Kreuzen Sie auch diese (in den zweiten Kreisen) an.
- Wählen Sie jetzt die zehn Fähigkeiten aus, die zwei Kreuzchen haben. Sie geben Ihnen am meisten Energie, wenn Sie sie einsetzen.
- Bitten Sie dann zwei Personen, die Sie gut kennen, jeweils fünf Fähigkeiten anzukreuzen, die diese als Ihre Stärken ansehen.

Jetzt wählen Sie aus diesen drei Hitlisten Ihre Favoriten aus. Die Leitfrage lautet: Was sind meine zehn stärksten, natürlichen, motivierenden Fähigkeiten? Setzen Sie diese in die folgende Prioritäten-Pyramide ein. Die wichtigste Fähigkeit tragen Sie ganz oben in die Spitze der Pyramide ein. Die nächstwichtigsten schreiben Sie dann in die zweite Ebene der Pyramide und so weiter. Schreiben Sie möglichst zueinander passende Fähigkeiten in Gruppen untereinander.

Bild 2.4 Prioritäten-Pyramide: Meine Fähigkeiten

2.5.2 Persönlichkeitsstärken

Um die Persönlichkeitsstärken zu entdecken, verwenden wir als xpand-Berater seit mehr als 20 Jahren das DISG-Modell. Dieses Motivationsmodell wurde im Jahr 1930 durch William Moulton Marston entwickelt und in seinem Buch »The emotions of normal people« beschrieben. Auf der Grundlage dieser Arbeit hat John Geier, Professor an der Universität von Minnesota, in den sechziger Jahren den DISG-Test entwickelt. Mittlerweile wurde der Test mehr als 25 Millionen Mal eingesetzt und durch unterschiedliche Organisationen weiterentwickelt, und es gibt ihn inzwischen in 22 Sprachen. Sie können ihn sehr gut selbst durchführen und auswerten. Er liefert Ihnen einen exzellenten Einblick in Ihre Persönlichkeitsstärken sowie in die Umgebungsfaktoren, die für Ihre Motivation wichtig sind – decken somit also zwei wichtige Bereiche der intrinsischen Motivation ab.

(Übrigens: Falls Sie die Frage nach Ihren Persönlichkeitsstärken vertiefen möchten, empfehlen wir nicht nur den Test, sondern auch das Buch »Das 1 x 1 der Persönlichkeit« von Lothar Seiwert, Friedbert Gay und Werner Küstenmacher). Einen Überblick über die wichtigsten Persönlichkeitsstärken haben wir aber auch hier für Sie zusammengestellt, die sich grundsätzlich in vier Motivationsbereiche einordnen lassen:

D	Dominant und direkt
I	Initiativ und interaktiv
S	Stetig und stabil
G	Gewissenhaft und genau

Verschiedene Persönlichkeitsstärken, eingeteilt in vier Motivationsbereiche

Dominant/direkt

- konfliktbereit
- ergebnisorientiert
- liebt Herausforderungen
- entscheidet schnell
- unabhängig
- bringt Dinge ins Rollen
- gibt die Richtung vor
- löst Probleme
- durchsetzungsfähig
- direkt in der Kommunikation

Initiativ/interaktiv

- Brückenbauer
- knüpft leicht Kontakte
- optimistisch
- begeistert
- kommuniziert gut und gerne
- flexibel
- schafft eine motivierende Atmosphäre
- genießt das Leben
- beeinflussend
- spontan

Gewissenhaft/genau

- logischer Denker
- Freude an Details
- qualitätsbewusst
- reflektiert kritisch
- gründlich
- respektiert Regeln
- hört analytisch zu
- vorsichtig
- beobachtend
- genau

Stetig/stabil

- geduldig
- stellt Harmonie her
- guter Team Mitarbeiter
- hört empathisch zu
- loyal
- schafft ein stabiles Umfeld
- strukturiert
- fühlt sich verantwortlich
- pragmatisch
- unterstützend

Das sind jetzt Ihre Aufgaben:

- Fragen Sie sich: Welche Persönlichkeitsstärken erkenne ich am deutlichsten bei mir selbst? Wählen Sie zehn Stärken aus, die Ihnen, wenn Sie sie einsetzen, am meisten Energie geben.
- Bitten Sie dann zwei Menschen, die Sie gut kennen, jeweils fünf Persönlichkeitsstärken anzukreuzen, die ihrer Meinung nach bei Ihnen am deutlichsten ausgeprägt sind.

Genau wie bei den Fähigkeiten wählen Sie zum Schluss aus diesen drei Hitlisten (zum einen Ihre Selbsteinschätzung, zum anderen die Fremdeinschätzung durch zwei verschiedene Personen) zehn Persönlichkeitsstärken aus, die Ihnen am wichtigsten erscheinen. Diese zehn Stärken bringen Sie mit absteigender Priorität in die richtige Reihenfolge. Übertragen Sie diese Reihenfolge in die unten stehende Pyramide. Ordnen Sie auch hier möglichst zueinander passende Stärken einer Gruppe zu.

Bild 2.5 Prioritäten-Pyramide: Meine Persönlichkeitsstärken

2.5.3 Motivierende Umgebungsfaktoren

Auch die Umgebungsfaktoren, die Sie motivieren, können Sie mithilfe des DISG-Profils herausfinden. Verfahren Sie hier wie bei den Persönlichkeitsstärken und tragen Sie Ihre Ergebnisse auch hier in eine Prioritäten-Pyramide ein.

Motivierende Umgebungsfaktoren

Dominant/direkt	Initiativ/interaktiv
▶ sichtbare Resultate	▶ Abwechslung
▶ Entscheidungsfreiheit	▶ Zusammenarbeit mit Menschen
▶ Herausforderungen	▶ Zeit, das Leben zu genießen
▶ große Projekte	▶ Freiraum ohne Probleme
▶ selbstständiges Handeln	▶ flexible Bedingungen
▶ wenig Kontrolle durch das Umfeld	▶ Möglichkeit, zu kommunizieren
▶ wenig Detailarbeit	▶ öffentliche Anerkennung
▶ klare Ziele	▶ freundliche, offene Atmosphäre

Gewissenhaft/genau	Stetig/stabil
▶ klar formulierte Erwartungen	▶ Sicherheit und Stabilität
▶ klare Spielregeln	▶ Zeit, sich auf Änderungen einzustellen
▶ Erläuterung von Änderungen	▶ Arbeit in einem kleinen Team
▶ Anerkennung der Leistungsqualität	▶ Anerkennung der eigenen Person
▶ klare Stellenbeschreibung	▶ klar formulierte Erwartungen
▶ Gelegenheit, Fragen zu stellen	▶ harmonisches Umfeld
▶ Aufgaben, die Präzision erfordern	▶ klare Beziehungen
▶ ungestörtes Arbeitsumfeld	▶ strukturierte Arbeitsweise

Bild 2.6 Prioritäten-Pyramide: Umgebungsfaktoren, die mich motivieren

Nachdem wir jetzt die drei Teilbereiche der intrinsischen Motivation beschrieben haben, schauen wir uns jetzt noch den Bereich der Denkstrukturen genauer an.

2.5.4 Intelligenz und Denkstrukturen

Ein junger Mann von 16 Jahren wurde auf seine mentalen Fähigkeiten hin untersucht. Heraus kam, dass er ständig alles vergisst, oft zwei verschiedene Socken trägt, sich unklar ausdrückt und höchstwahrscheinlich zumindest teilweise als geistig behindert gelten muss. Dies ist das erschütternde Ergebnis eines sehr geläufigen und häufig angewandten Intelligenztests. Dieser junge Mann hieß übrigens Albert Einstein. Dieses Beispiel stammt aus dem Buch »Seizing the Torch. Leadership for a new Generation« von Theodor W. Engstrom.

Dass Einstein trotz dieses Testergebnisses imstande war, seine eigenen und ganz persönlichen Denkstrukturen weiterzuentwickeln und es dank seiner überragenden Intelligenz sogar zu weltweiter Berühmtheit zu bringen, liegt ganz allein daran, dass er das Beste aus seinem Potenzial gemacht hat.

In der heutigen Zeit, in der so viele Informationen verbreitet werden, gibt es auch immer neue Erkenntnisse darüber, wie unser Gehirn funktioniert. Das Gehirn speichert mit 100 Milliarden Nervenzellen die Erinnerung eines ganzen Lebens. Mit kaum drei Prozent der Körpermaße verbraucht es 20 Prozent der Energie. Die 100 Milliarden Nervenzellen sind durch Millionen Kilometer an Nervenbahnen miteinander verbunden. Dadurch entsteht eine theoretische Zahl möglicher Kombinationen, die unvorstellbar groß ist, schreibt die Wissenschaftsautorin Brigitte Röthlein in ihrem Buch »Sinne, Gedanken, Gefühle. Unser Gehirn wird entschlüsselt«.

Joy Paul Guilford, eine frühe Autorität im Bereich der Intelligenzforschung, der bereits über 120 Bücher zum Thema geschrieben hat, veröffentlichte das sogenannte Denk-Struktur-Modell (englisch: SOI – Structure of Intelligence). Darin verknüpfte er unterschiedliche Denkstrukturen miteinander. Er hatte die allgemeinen IQ-Tests satt, bei denen unterschiedlichste Menschen und Denkarten über einen Kamm geschoren werden. Denn die Ergebnisse und Folgerungen hielt er für unsinnig – etwa dass ein IQ von 80 etwas besser ist als die Hirnleistung eines Affen, ein IQ von 140 als genial gewertet werden kann, während man mit einem IQ von 160 und mehr eigentlich schon fast durchgedreht sein muss.

Um zu vermeiden, dass Fehleinschätzungen wie bei Albert Einstein passieren, entwickelte Guilford ein neues Testverfahren, durch das 14 unterschiedliche Denkarten geprüft werden. So kann man feststellen, wo genau Stärken und Schwächen liegen. Im Folgenden stellen wir Ihnen die 14 Denkarten des Denk-Struktur-Modells kurz vor. Eine ausführliche Beschreibung finden Sie in dem Buch »Abenteuer Denken« von Anne Burdenski, Andreas Donath und mir (Peter Essler).

1. Auffassungsgabe

Die Auffassungsgabe ist die Fähigkeit, bewusst zu beobachten, Informationen aufzunehmen und mithilfe des Gedächtnisses zu unterscheiden.

Menschen, die darin eine Stärke haben, nehmen Informationen schnell auf und können sie auch entsprechend schnell verarbeiten. Gefördert wird diese Denkart hauptsächlich durch eine gesunde Neugierde.

2. Gedächtnis

Unser Gedächtnis umfasst die Fähigkeit, Informationen zu speichern, aber auch das Gespeicherte wieder hervorzuholen, damit wir neue mit alter Information verbinden können. Wer hierin gut ist und ein gesundes und trainiertes Gedächtnis hat, ist sicherer in seiner Kommunikation, in Entscheidungen, in seinem gesamten Auftreten. Das Gedächtnis ist die Basis für die meisten der anderen Denkarten.

3. Bewertung

Bewerten lernen wir schon als Kinder, indem wir eigenständige Entscheidungen treffen und sie auch begründen müssen. Wer hierin gut ist, unterscheidet schnell zwischen wichtig und unwichtig, trifft leicht und sicher Entscheidungen, plant und organisiert gern und nutzt die Zeit effektiv. Er besitzt mit dieser Denkart eine Voraussetzung für Führungsaufgaben.

4. Konvergentes Problemlöseverhalten

Darunter versteht man die Fähigkeit, viele Informationen zu sammeln und sie zu einem Ergebnis zu bündeln. Wer sie besitzt, bringt z. B. die Dinge auf den Punkt und ist gut darin, leistungs- und ergebnisorientiert zu denken. Personen mit dieser Denkart sind sozusagen darauf spezialisiert, das für die Problemlösung Wichtigste aus einer Vielzahl von Informationen herauszufiltern. Diese Fähigkeit hilft, eine Antwort auf die Frage zu finden, was jetzt im Moment das Wichtigste ist. Diese Denkart ist meist verknüpft mit der Fähigkeit, Probleme schnell und direkt zu lösen.

5. Divergentes Problemlöseverhalten

Im Gegensatz zum konvergenten Denken geht das divergente Denken von einem Punkt aus, um sich dann in viele verschiedene Richtungen zu erstrecken.

Ein Beispiel: Was kann ich mit einem Backstein tun? Der konvergente Denker würde sagen: Einen Backstein benutzt man, um ein Haus zu bauen. Punkt. Das war's. Der divergente Denker würde folgende Antwort geben: Ich kann ihn als Briefbeschwerer benutzen, damit Regale bauen, wenn ich Bretter dazwischenlege, ich kann damit ein Haus bauen, ich kann ihn durchs Fenster werfen, ich kann ihn in kleine Stückchen zerschlagen und so weiter.

Die Stärke des divergenten Denkers ist es, möglichst viele Lösungen für eine Fragestellung zu bringen. Divergente Denker haben eine große Ideenvielfalt, sind innovativ und kreativ und scheuen sich nicht, außergewöhnliche Wege zu gehen. Diese Fähigkeit wird verstärkt, indem man unterschiedlichste Menschen zu bestimmten Themen befragt.

6. Bildhaftes Denken

Wer bildhaft denkt, erfasst die Information, die ihm vorliegt, konkret, das heißt als Tatsächliches und Gegenständliches. Der bildliche Lerner braucht eine beständige Verbindung zwischen Theorie und Praxis. Für ihn ist eine gute Lernatmosphäre wichtig, und er arbeitet gern mit Formen und Farben. In der Regel ist es für ihn eine Hilfe, sich beim Lernen zu bewegen.

7. Symbolisches Denken

Symbole sind Zeichen, die für bestimmte Inhalte stehen. Der symbolische Denker oder Lerner braucht ein methodisches Vorgehen. Für ihn ist die richtige Reihenfolge der Informationen ganz entscheidend. Er lernt Schritt für Schritt und beschäftigt sich immer zuerst mit Schritt eins, dann mit Schritt zwei und dann mit Schritt drei. Er kann gut mit abstrakter Information umgehen.

8. Semantisches Denken

Der semantische Denker oder Lerner braucht die Übersicht. Er muss das gesamte Konzept sehen und will sich anfangs nicht in Details verlieren. Er braucht Logik und eine gute Gliederung, damit er irgendwo einsteigen kann und gleichzeitig erkennen kann, wo er sich gerade im Gesamtkonzept befindet. Er kann sich gut ausdrücken und liebt es, mit Worten umzugehen.

9. Denken in Einheiten

Wer in Einheiten denkt, denkt in Details und in einzelnen, nicht verbundenen Punkten. Menschen, die auf diesem Gebiet gut sind, entdecken Fehler sehr schnell, sehen die einzelnen Bestandteile der Information und reagieren darauf. Dies ist ein Weg, Informationen zu Ergebnissen zu bringen.

10. Denken in Klassen

Wer in Klassen denkt, bildet für die erfassten Informationen meist automatisch übergeordnete Gruppen oder Überschriften. Wer diese Denkstruktur hat, kann sich klar und deutlich ausdrücken und ist fähig, Konzepte zu entwickeln. Er hat geordnete Gedanken, und manch einer, dem diese Denkart eigen ist, wirkt nach außen hin genauso adrett und ordentlich wie die Gedanken, die er in seinem Kopf fein säuberlich geordnet hat.

11. Denken in Zusammenhängen

Dies ist die Denkart, die uns befähigt, verschiedene Aspekte miteinander zu verknüpfen und die Querverbindungen zu sehen. Wer in Zusammenhängen denkt, entdeckt den roten Faden innerhalb einer ganzen Geschichte. Der Betreffende kann Ursache und Wirkung voneinander unterscheiden.

12. Systematisches Denken

Systematisches Denken ist eine Form des kreativen Denkens. Wer hier seine Stärke hat, sieht den gesamten Prozess und erkennt, was hineinpasst. Er ist in der Lage, kybernetisch zu denken. Das heißt, er findet mühelos die Engpässe, die bewältigt werden müssen, damit sich das Ganze weiterentwickeln kann. Dies ist eine gute Grundlage für organisatorische Tätigkeiten und zudem die Basis, um Gruppen überschauen zu können.

Ein systematischer Denker sieht fehlende Teile und bringt die Dinge in eine Gesamtperspektive.

13. Transformatives Denken

Transformatives Denken ist die Fähigkeit, das Bekannte auf eine neue Situation zu übertragen. Als Folge findet hier ein kreativer Wechsel vom Bekannten zum Unbekannten statt. Wer hierin seine Stärke hat, kann Dinge oder Umstände leicht aus einer anderen Perspektive betrachten. Er sieht sehr schnell auch die Vorteile dieser anderen Sichtweite. Er ist experimentierfreudig und offen für Veränderung.

14. Denken in Implikationen

Damit ist die Fähigkeit gemeint, sich schöpferisch in noch unbekannte Bereiche hineinzudenken. Personen, die so denken, sind immer einen Schritt weiter in ihrem Denken. Sie können die Konsequenzen heutiger Aktionen voraussehen. Solche Menschen sind ebenfalls gut in der Lage, Beziehungen zwischen schon bekannter und noch unbekannter Information herzustellen und die Folgen abschätzen.

2.5.5 Selbsteinschätzung bei den Denkarten – ein Test

Vielleicht haben Sie beim Lesen schon die eine oder andere Stärke oder Schwäche Ihres Denkens erkannt. Um Ihre persönlichen Denkarten noch ein bisschen besser einschätzen zu können, finden Sie auf den nächsten Seiten eine Selbsteinschätzung. Falls Sie darüber hinaus Interesse an dem ausführlichen wissenschaftlichen Test inklusive Beratung haben, finden Sie entsprechende Angebote auf unserer Website www.xpand.eu.

Beantworten Sie bitte die einzelnen Fragen, indem Sie entscheiden, wie weit die genannte Aussage auf Sie zutrifft. Trifft sie immer auf Sie zu, geben Sie 5 Punkte. Trifft sie überhaupt nie zu, geben Sie 0 Punkte. Seien Sie ehrlich zu sich und haben Sie auch den Mut, extreme Antworten zu geben (0 oder 5 Punkte).

Selbsteinschätzung – Denkstrukturen

0 = nie 1 = selten 2 = manchmal 3 = normalerweise 4 = meistens 5 = immer

	0	1	2	3	4	5
1. Ich verstehe sofort beim ersten Lesen/Erklären						
2. Ich kann mir Telefonnummern, Namen, Sachverhalte gut merken						
3. Ich bin organisiert und plane effizient						
4. Ich suche gerne die optimale Lösung heraus						
5. Ich arbeite lieber ohne feste/starre Vorgaben und Regeln						
6. Ich lerne am besten beim Tun						
7. Ich liebe das Umgehen mit Buchstaben und Zahlen						
8. Ich lese gerne auch komplizierte und anspruchsvolle Texte						
9. Ich gehe gerne ins Detail, konzentriere mich auf einen Teilaspekt						
10. Ich liebe Karteien und alles, was Ordnung hält						
11. Ich suche gerne die Zusammenhänge, wenn ich etwas Neues lerne						
12. Ich habe schnell den Überblick »über das Ganze«						
13. Ich passe mich leicht neuen Situationen an						
14. Ich denke immer ein paar Schritte im Voraus						
15. Ich erfasse Sachverhalte, auch wenn sie noch nicht ganz geklärt sind						
16. Ich gehe ohne Einkaufszettel einkaufen, ohne etwas zu vergessen						
17. Ich bin gut in Spielen wie Mühle, Dame, Schach						
18. Ich analysiere und forsche gerne						
19. Ich suche gerne ganz neue, noch nie da gewesene Wege						
20. Ich kann gut räumlich denken						
21. Ich kann gut abstrakt denken						
22. Ich habe Spaß an Ironien, Zweideutigkeiten						
23. Ich finde oft Druckfehler						
24. Ich sortiere gerne						
25. Ich kann gut die Folgen von bestimmten Sachverhalten abschätzen						
26. Ich erkenne schnell fehlende oder falsche Aspekte						
27. Ich versuche, Erlerntes auf völlig neue Systeme zu übertragen						
28. Ich wäge alle Schritte und Konsequenzen intensiv ab						
29. Ich kann drei Dinge gleichzeitig tun/aufnehmen						

	0	1	2	3	4	5
30. Ich merke mir auch Dinge, die ich nebenbei erfasse						
31. Ich treffe schnell richtige Entscheidungen						
32. Ich habe gerne klare Regeln und vorgegebene Abläufe						
33. Ich kreiere gerne Neues						
34. Ich male mir schnell etwas auf, um es zu verstehen						
35. Ich kann gut rechnen und vorlesen						
36. Ich habe eine gute mündliche oder schriftliche Ausdrucksfähigkeit						
37. Ich ziehe Qualität der Quantität vor						
38. Ich erstelle gerne Konzepte						
39. Ich habe Spaß an Experimenten						
40. Ich lerne lieber vom Allgemeinen zum Konkreten						
41. Ich liebe Umdenken, Veränderung und Neuorientierung						
42. Ich kann gut verhandeln, diskutieren, überzeugen						

Übertragen Sie nun bitte die Punkte in die folgende Tabelle und addieren Sie die Zahlenwerte in jeder Zeile:

A	1:	15:	29:	Summe:
B	2:	16:	30:	Summe:
C	3:	17:	31:	Summe:
D	4:	18:	32:	Summe:
E	5:	19:	33:	Summe:
F	6:	20:	34:	Summe:
G	7:	21:	35:	Summe:
H	8:	22:	36:	Summe:
I	9:	23:	37:	Summe:
J	10:	24:	38:	Summe:
K	11:	25:	39:	Summe:
L	12:	26:	40:	Summe:
M	13:	27:	41:	Summe:
N	14:	28:	42:	Summe:

Um ein Profil zu erstellen, bei welchen Denkarten Sie sich auf welche Weise einschätzen, nutzen Sie die folgende Grafik. Tragen Sie die Werte dort ein und verbinden Sie sie miteinander.

		0	1	2	3	4	5	6	7	8	9	10	11	12	13	14	15
A	Auffassungsgabe																
B	Gedächtnis																
C	Bewertung																
D	Konvergent																
E	Divergent																
F	Bildhaft																
G	Symbolisch																
H	Semantisch																
I	Einheiten																
J	Klassen																
K	Zusammenhänge																
L	Systeme																
M	Transformation																
N	Implikation																

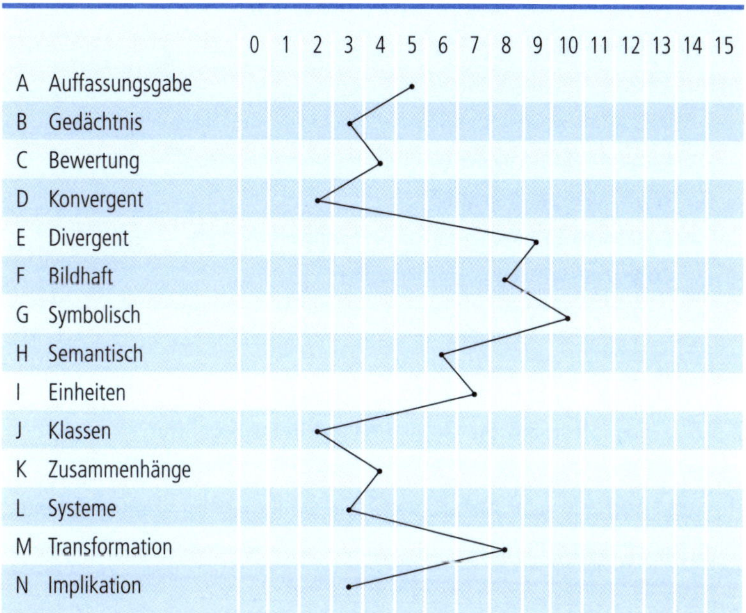

Was sind bei Ihnen die sechs wichtigsten Denkarten? Übertragen Sie Ihre Ergebnisse in die Pyramide:

Bild 2.7 Prioritäten-Pyramide: Meine wichtigsten Denkarten

Fragen Sie sich:

- Welche Denkarten möchten Sie mehr trainieren? Wie? Wie häufig?
- Welche Denkarten passen gut zu Ihrem beruflichen Umfeld? Was sollte verstärkt werden?
- Wie können Sie, unabhängig von Ihrer Selbsteinschätzung, Ihr geistiges Leistungspotenzial trainieren?

2.5.6 So halten Sie Ihr Gehirn fit und leistungsfähig

Hier sind noch ein paar Anregungen, wie Sie Ihr Gehirn fit und leistungsfähig halten können:

»Brain-Jogging«

Gehirn-Training ist das, was man heutzutage zumindest tun muss, um die Flut von Informationen dauerhaft verarbeiten zu können, die im Beruf und auch in der Freizeit auf uns zukommt.

Dies ist notwendig, um noch im hohen Alter geistig fit und beweglich zu sein und Freude am Leben zu haben. »Brain-Jogging« bedeutet, die eigenen Denkstrukturen, die Erkenntnis und das Gedächtnis zu trainieren. Schon bei zehn Minuten täglichem Gedächtnistraining entwickeln Sie innerhalb von vier Wochen eine spürbare Verbesserung in diesen Bereichen.

Ganz praktisch ist nach unserer Erfahrung das kleine Spielprogramm »Brain-Training« für den Nintendo DS. Aber auch das Lesen von Büchern ist eine exzellente Form von »Brain-Jogging«. Wer liest statt dauernd fernzusehen, kann mit Leichtigkeit jeden Monat einen Roman (zur Inspiration) und ein Fachbuch (zur Vertiefung) lesen. Dies ist schon ein ausgezeichnetes Gehirn-Training.

Gehirn-Training

Damit trainiert man das konvergente Denken, das Bewerten und die Fähigkeit, Zusammenhänge zu erkennen. Auch das Systemdenken, die Transformation und die Implikation profitieren vom Gehirn-Training. Somit lassen sich auf diese Weise sechs der sieben Grunddenkarten verbessern, die Sie zum Leiten und Führen brauchen, die aber auch notwendig sind, um Ihr Leben aktiv zu gestalten.

Hervorragendes Gehirn-Training bietet das Schachspiel. Dreimal wöchentlich eine Partie Schach spielen fördert zugleich das Denken und die Kommunikation mit dem Spielgegner. Auch im Urlaub brauchen Sie auf diese Form des Trainings nicht zu verzichten. Legen Sie sich einfach ein Reiseschachspiel zu, das Sie auf jede Reise mitnehmen. Wer nicht Schach spielt, kann natürlich auch eines der vielen anderen strategischen Spiele wählen, die heute zur Verfügung stehen.

Aber auch zuhause, im Beruf und im Ehrenamt können Sie Ihr Gehirn gezielt trainieren, indem Sie freiwillig Aufgaben übernehmen, die mit Projekten zu tun haben. Erklären Sie jemandem das betreffende Projekt. Entwickeln Sie einen strategischen Plan, ein Marketingkonzept, wie Sie mit diesem Projekt die Bedürfnisse der Menschen, die von diesem Projekt profitieren sollen, befriedigen können, und einen Aktionsplan, wie Sie dies mit einem Team innerhalb der nächsten Wochen, Monate oder Jahre erfolgreich abschließen wollen.

Kreativitäts-Training

Dabei werden das divergente Denken und die drei Lernstile (bildliches, semantisches und symbolisches Lernen) trainiert.

Ein ausgezeichnetes Trainingsbuch ist das Buch von Roger von Oech »Der kreative Kick«. Es zeigt einen systematischen Weg auf, wie Sie auch als nicht allzu kreativer Mensch kreatives Denken und Handeln erlernen können. Der Autor beschreibt Kreativität als einen Prozess, in dem man von der Entstehung bis zur Umsetzung vier verschiedene Rollen einnimmt. Als Erstes schlüpft man dazu in die Rolle des Forschers. Danach wird man zum Künstler. Die dritte Rolle ist die des Richters. Zuletzt schlüpft man in die Rolle des Kriegers. Um eine Vorstellung davon zu bekommen, wie diese Rollen aussehen, finden Sie hier eine kurze Beschreibung mithilfe von Zitaten, die aus diesem Buch stammen:

Der Forscher: Das ist die Rolle, in der Sie nach Informationen suchen. Kreativ werden Sie, sobald Sie in ganz andere Bereiche schauen als die, die Sie gewohnt sind. Dazu von Oech: »Jeder kann in einer Boutique nach Mode suchen oder nach Geschichte in einem Museum. Der kreative Forscher sucht nach Geschichte in einer Eisenwarenhandlung und nach Mode in einem Flughafen.« Folgende Tipps erleichtern Ihnen den Anfang: Abonnieren Sie eine ungewöhnliche Zeitung oder Zeitschrift. Verbringen Sie einen Morgen in einer Grundschule oder einen Nachmittag in einem Altenheim. Gehen Sie einmal zwei Stunden früher zur Arbeit. Fahren Sie für einen Tag ein exotisches Auto. Lesen Sie ein paar Zeitungen von 1950. Verbringen Sie einen Tag in einer anderen Stadt. Befassen Sie sich mit Geschichte.

Der Künstler: Die Aufgabe des Künstlers ist es, Informationen in neue Ideen umzuwandeln. Zuallererst gilt hier von Oechs Empfehlung: »Machen Sie etwas draus! ›Es gibt Maler, die verwandeln die Sonne in einen gelben Fleck, andere verwandeln einen gelben Fleck in die Sonne.‹ (Pablo Picasso) Zweitens steckt in jedem Mensch ein Künstler. ›Der Künstler ist keine andere Art von Mensch, aber jeder Mensch ist eine andere Art von Künstler.‹ (Eric Gill) Die dritte Anregung: Brich aus dem Rahmen aus! ›Wenn Sie nicht oft genug „Warum das?" fragen, wird jemand fragen: „Warum Sie?".‹ (Tom Hirschfeld) Oder ›Aus heiligen Kühen, die man schlachtet, werden großartige Steaks!‹ (Dick Nikolosi).«

Der Richter: Die Aufgabe, eine Idee zu bewerten und zu entscheiden, was mit ihr zu anzufangen ist, übernimmt der Richter. Ich komme nur dazu, ein Richter von Ideen zu werden, wenn ich selbst risikobereit bin. Hierzu folgende Gedanken aus von Oechs Buch: »›Ein Schiff im Hafen ist sicher, aber das ist nicht das, wofür Schiffe gebaut wurden.‹ (Grace Hopper) ›Es liegt ebenso viel Risiko darin, nichts zu tun wie darin, etwas zu tun.‹, ›Auf Nummer sicher zu gehen hat noch niemandem eine Bedeutung verliehen.‹ (Harry Gray).«

Der Krieger: Der Krieger ist derjenige, der die Idee umsetzt. Roger von Oech hat hierzu in seinem Buch einige Empfehlungen zusammengestellt: »›Sei Feuer und Flamme! Der grundlegende Unterschied zwischen einem gewöhnlichen Menschen und einem Krieger ist, dass der Krieger alles als eine Herausforderung nimmt, während der gewöhnliche Mensch alles entweder als einen Segen oder Fluch nimmt.‹ (Carlos Castaneda) ›Lasst uns mit Ausdauer in dem Wettkampf laufen, der uns aufgetragen ist.‹ (Paulus, Brief an die Hebräer, Kapitel 12, Vers 1) ›Nichts in der Welt kann Hartnäckigkeit ersetzen. Talent wird es nicht können. Nichts ist verbreiteter als erfolglose Menschen mit Talent. Genialität wird es nicht können. Das verkannte Genie ist schon fast sprichwörtlich. Bildung wird es nicht können. Die Welt ist voll von gebildeten Versagern. Hartnäckigkeit und Zielstrebigkeit allein sind notwendig.‹ (Roger von Oech).«

Das Ziel dieser vier Rollen innerhalb des Kreativitätsprozesses ist, zu lernen, im Alltag kreativer zu denken und zu arbeiten. Während unseres gesamten Lebens sind wir damit konfrontiert, laufend Entscheidungen treffen zu müssen, was wir wann auf welche Weise tun sollen. Das zeigt, warum Kreativität und kreatives Denken heute eine absolute Notwendigkeit sind.

Zum Abschluss dieses Abschnitts möchte ich Sie dazu ermuntern, das unten stehende Trainingsblatt auszufüllen. Legen Sie hier für sich fest, wie Sie in den nächsten sechs Monaten im Bereich Brain-Jogging, Gehirn-Training und Kreativität Ihr Gehirn und Ihren Geist topfit machen möchten.

Mein persönliches Gehirn-Fitness-Programm

Brain-Jogging	
Gedächtnis:	Bücher:

Brain-Training	
Spiele:	Projekte:

Kreativitäts-Training			
Forscher	Künstler	Richter	Krieger

2.6 Meine Perspektive

Dieser dritte Teil des Bereichs »Identität« entspricht dem Bereich »Berufungsgestalt« in Romano Guardinis Modell. Er baut auf den ersten beiden Bereichen »Meine Geschichte« und »Meine Ressourcen« auf.

In meiner eigenen Geschichte entdecke ich (Paul Donders) Zusammenhänge, die immer mehr Aspekte meiner Berufung ans Licht bringen. Zu meiner Geburt am 8. März 1957 schrieb mir Professor Dr. Zeeman, ein bekannter Chirurg und Kollege sowie Freund meines Vaters, einen »Willkommen-im-Leben-Brief«. Darin ermutigte er mich sehr, ein wahrhaftiger Freund für viele Menschen zu werden.

Diesen Brief bekam ich erst, als ich 31 Jahre alt wurde, von meiner Mutter, die ihn bis dahin für mich aufbewahrt hatte. Für mich war das eine kleine Offenbarung, was den roten Faden in meinem persönlichen Leben angeht. Denn ohne diesen Brief zu kennen, war schon damals »Freundschaft« ein wesentlicher Begriff in meinem Leben. Freundschaften aufzubauen und über viele Jahren zu pflegen, ist ein Aspekt meiner Lebensberufung.

In diesem Kapitel möchte ich Sie motivieren, tiefer in Ihre Berufung einzutauchen, indem Sie anfangen, Ihre Perspektive möglichst kreativ zu beschreiben, zu durchdenken und dadurch zu entdecken!

Es wird eine spannende Reise in drei Phasen:

1. meine persönlichen Werte (der vierte Bereich der intrinsischen Motivation)
2. mein innerer Auftrag (den man auch als »Mission-Statement« bezeichnen könnte)
3. meine Leidenschaft und meine Wünsche (aus dem Nebel ins Licht)

2.6.1 Meine persönlichen Werte

Dieser vierte Bereich der intrinsischen Motivation wird zunehmend wichtiger. Einer der Väter dieses Denkens ist sicherlich Viktor Frankl, der durch sein Lebenswerk nachgewiesen hat, dass eines der Grundbedürfnisse jedes Menschen ist, in seinem Leben und seiner täglichen Arbeit eine Sinnerfüllung zu finden. Auch in den neuesten Untersuchungen, die Daniel Pink in seinem Buch »Drive. The Surprising Truth About What Motivates Us« zusammengestellt hat, wird sehr deutlich, dass nur der dauerhaft intrinsisch motiviert ist, der einen Sinn in seiner Arbeit entdeckt.

Leider gibt es hier nicht eine einfache 4 x 10-Übersicht von möglichen Werten, die zu Ihnen passen könnten. Dies wäre eine gefährliche Vereinfachung dieses so reichen Themas. Darum bieten wir Ihnen einen kreativen Workshop an, in dem Sie sich in fünf Schritten Ihren persönlichen Werten nähern.

Nehmen Sie sich hierfür einen Abend, einen Vor- oder Nachmittag Zeit und gönnen Sie sich diese besondere Werte-Entdeckungsreise. So geht's:

1. Sie zeichnen eine Mindmap zum Thema: »Wofür möchte ich in fünf Jahren bekannt sein (beruflich und privat)?«
2. Sie zeichnen eine Mindmap zum Thema: »Was will ich in den nächsten zehn Jahren umgesetzt und aufgebaut haben (beruflich und privat)?«
3. Sie zeichnen eine Mindmap zum Thema: »Wem will ich auf welche Weise in den nächsten fünf Jahren dienen (beruflich und privat)?«
4. Sie fassen die Ergebnisse der drei Mindmaps zusammen und nutzen sie als Puzzleteilchen, um sechs Kernsätze zu schreiben.
   Zeichnen Sie zu jedem Kernsatz ein Symbol. Die Kernsätze drehen sich um folgende Themen (Sie können zu einem Thema auch zwei Sätze formulieren oder eines weglassen):
   - Was Ihnen sehr wichtig ist
   - Was für Sie eine hohe Priorität hat

- In was Sie gerne Zeit und Geld investieren
- Was Ihrem Leben Farbe und Begeisterung verleiht
- Wobei Sie den Eindruck haben, einen sinnvollen Beitrag zu leisten

5. Fassen Sie jetzt als Ergänzung diese sechs Kernsätze zusammen in ein Familienwappen. Nutzen Sie hier Symbole und Farben innerhalb des Wappens, aber keine Worte.
   Sie können (aber müssen nicht) noch ein Motto darunter oder darüber schreiben.

Nutzen Sie folgende Diagramme, um direkt loszulegen, wenn Ihnen etwas in den Sinn kommt. Denn falls Sie vom Sinn überzeugt sind, Ihre eigenen Werte zu entdecken, sollten Sie die Gunst der Stunde nutzen.

Wofür möchte ich in fünf Jahren bekannt sein?

Was will ich in den nächsten zehn Jahren umgesetzt und aufgebaut haben?

Wem will ich auf welche Weise in den nächsten fünf Jahren dienen?

Wofür möchte ich in fünf Jahren bekannt sein?

Was will ich in den nächsten zehn Jahren umgesetzt und aufgebaut haben?

Wem will ich auf welche Weise in den nächsten fünf Jahren dienen?

Sechs Kernsätze:

-
-
-
-
-
-

Mein Familienwappen

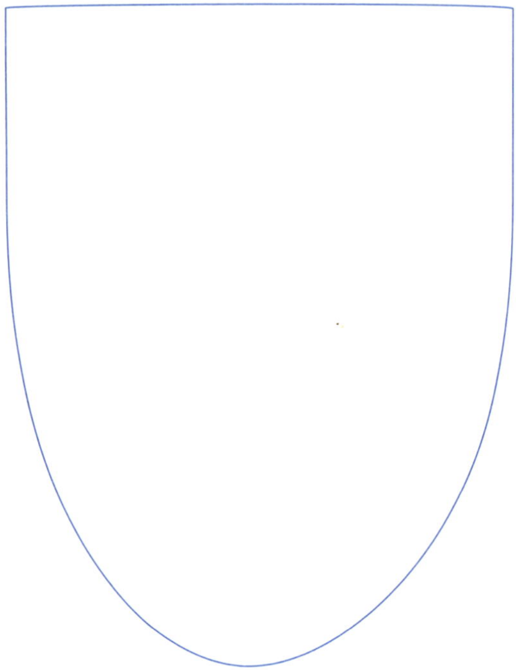

2.6.2 Mein innerer Auftrag

Meine persönlichen Werte beschreiben, was mir wichtig ist, und bilden ein Fundament von Charaktereigenschaften, Tugenden und Grunderwartungen. Ausgehend von diesen Fundamenten entwickeln wir jetzt eine Perspektive, einen Auftrag, eine Mission, die unserem Leben Richtung gibt und unsere Berufung erkennen lässt.

Für mich (Paul Donders) wurde dieser Ruf erstmals deutlich durch einen Aufsatz, den ich mit 14 Jahren schrieb. Das Thema lautete: »Ist es möglich, diese Welt so zu verändern, dass fast alle Menschen glücklich werden?« Beim Schreiben kamen mir immer mehr Ideen, und zum Schluss wurde mir deutlich: »Wenn überhaupt, dann nur, wenn jeder das Seine dazu beiträgt«. Einen weiteren Impuls meiner Berufung bekam ich, als ich 16 war und den christlichen Glauben für mich persönlich neu entdeckte. Mit 18 kam das Wort »Leiterschaft« dazu, und mit 30 formte sich zum ersten Mal in mir ein klarer innerer Auftrag: »Führungskräfte dabei unterstützen, ihre persönliche Berufung zu entdecken, zu entfalten und erfüllen«.

Zusammen mit zwei Freunden (noch hatte ich den »Willkommen-im-Leben-Brief« von Professor Dr. Zeeman nicht gelesen) gründete ich dann im Jahr 1987 das heutige Unternehmen xpand. Dadurch habe ich bis heute fantastische Möglichkeiten, sowohl meine Berufung zu leben als auch genau aus meiner intrinsischen Motivation heraus arbeiten zu dürfen.

Ein sehr schönes Bild von diesem inneren Auftrag gibt uns der indische Jesuit Herbert Alphonso in seinem lesenswerten Buch »Die persönliche Berufung«. Er beschreibt die Berufung als einen Namen, der uns gegeben wird. Denn gerufen wird man üblicherweise bei seinem Namen. In diesem Namen liegt ein innerer Auftrag. Ein Vorbild, das der Autor in seinem Buch anführt, ist die Berufung von Petrus durch Jesus Christus. Denn Petrus hieß eigentlich Simon. Als Christus ihn in seinen Dienst beruft, sagt er: »Ich aber sage dir: Du bist Petrus und auf diesen Felsen werde ich meine Kirche bauen.« (Matthäus 16,18) Obwohl Petrus mehr ein Sprachrohr war als ein Granitstein, bekam er tatsächlich diese Berufung, die er dann auch später immer mehr verwirklichte. Und siehe da, als Berufener war er einer der Gründer einer weltverändernden Glaubensbewegung. Romano Guardini beschreibt diesen inneren Auftrag wie folgt:

Aus einem Traum

Heute Nacht, aber es war wohl morgens,
wenn die Träume kommen,
dann kam auch zu mir einer.
Was darin geschah, weiß ich nicht mehr,
aber es wurde etwas gesagt,
auch das weiß ich nicht mehr.
Es wurde also gesagt,
wenn ein Mensch geboren wird,
wird ihm ein Wort mitgegeben,
und es war wichtig, was gemeint war:

Nicht nur eine Veranlagung, sondern ein Wort.
Das wird hineingesprochen in sein Wesen,
und es ist wie ein Passwort zu allem,
was dann geschieht.
Es ist Kraft und Schwäche zugleich.
Es ist Auftrag und Verheißung.
Es ist Schutz und Gefährdung.
Alles, was dann im Gang der Jahre geschieht,
ist Auswirkung des Wortes,
ist Erläuterung und Erfüllung.
Und es kommt darauf an,
dass der, dem es zugesprochen wird,
– jeder Mensch,
denn jedem wird eines zugesprochen –
es versteht und mit ihm ins Einvernehmen kommt.
Und vielleicht wird dieses Wort
die Unterlage sein zu dem,
was der Richter einmal zu ihm sprechen wird.

(Romano Guardini, 1. August 1964)

Wie können Sie jetzt Ihren inneren Auftrag oder Ihr Mission Statement beschreiben? Wie bei den Werten lohnt es sich, mit drei Mindmaps zu arbeiten, um die drei Grundfragen eines Mission Statements zu beantworten:

1. Welchen Menschen (oder Zielgruppen) will ich dienen und in welchen Bereichen (beruflich, privat, in der Freizeit, im Ehrenamt ...) will ich das tun? Und welchem meiner Bedürfnisse kommt das entgegen?
2. Mit welchen Top 3 meiner Persönlichkeitsstärken oder Fähigkeiten will ich ihnen dienen?
3. Wozu? Wie soll mein Dienst mich in meiner persönlichen Berufung erfolgreicher machen?

Zeichnen Sie zunächst je eine Mindmap zu diesen drei Grundfragen. Formulieren Sie dann einen ersten Entwurf Ihres inneren Auftrags oder Mission Statements. Sie haben die Möglichkeit, Ihre Antworten auf die Grundfragen des Mission Statements auf der folgenden Seite einzutragen.

Zur Erläuterung: Die Symbole in Abschnitt 4 auf der Folgeseite sind nur dazu da, Ihren inneren Auftrag auch auf andere Art und Weise zum Ausdruck zu bringen. In Abschnitt 5 können Sie versuchen, Ihren Auftrag in einen Satz zu fassen.

Jetzt haben Sie sechs Kernsätze und ein Familienwappen, mit denen Sie Ihr Fundament zum Ausdruck bringen. Außerdem haben Sie ein Mission Statement, das Ihren inneren Auftrag zusammenfasst und eine Richtung angibt. Es bleibt noch ein spannender Bereich: Ihre Sehnsüchte und Wünsche. Damit geht es danach weiter.

1. Welchen Menschen (oder Zielgruppen) will ich dienen und in welchen Bereichen will ich das tun?

2. Mit welchen Top 3 meiner Persönlichkeitsstärken oder Fähigkeiten will ich ihnen dienen?

3. Wozu? Wie soll mein Dienst mich in meiner persönlichen Berufung erfolgreicher machen?

4. Symbole, die dies zum Ausdruck bringen

5. Mein Auftrag

2.6.3 Meine Sehnsüchte und Wünsche

Bei dem Thema Werte und innerer Auftrag spielt unser Sinn für Verantwortung eine relativ große Rolle. Was empfinde ich als richtig und wichtig? Wozu bin ich berufen? Welche Verantwortung habe ich damit? Es ist richtig und gut, Verantwortung für meine Geschichte, meine Ressourcen und meine Zukunft zu übernehmen. Es kommt aber noch etwas dazu: unsere Sehnsüchte, Träume und Wünsche. Auch sie sind durchaus häufig von einem Verantwortungsgefühl geprägt, aber nicht ausschließlich. Und das ist auch richtig so! Denn der Mensch hat die Fähigkeit, Träume zu entwickeln. Er kann sich heute in seinen Tagträumen damit beschäftigen, wie die Zukunft aussehen könnte. Jeder einzelne Mensch kann auf seine Art und Weise einzigartige Bilder von der Zukunft malen. Genauso wie es niemand gegeben hat, gibt und jemals geben wird, der gleich ist wie Sie, so sind auch Ihre Träume und Sehnsüchte einzigartig. Träumen ist wie Bildermalen. Jedes Bild ist einzigartig, das eine schöner als das andere. Auch beim Träumen fange ich als Lehrling an, werde durch viel Übung zum Gesellen und möglicherweise zum Meisterträumer. Die meisten Menschen, die die Weltgeschichte stark beeinflusst haben, haben mit einem kleinen Traum angefangen, der aber immer größer wurde, und der irgendwann immer mehr zur Realität wurde, weil er gewaltige Bewegungen ausgelöst hat. Einige Beispiele:

- **William Wilberforce** träumte von der Abschaffung der Sklaverei in Großbritannien und durfte dies noch erleben.
- **Mutter Teresa** träumte von Sterbehäusern, wo die Armen in Würde sterben konnten, und hat ihren Traum verwirklicht.
- **Mahatma Gandhi** träumte von der Freiheit Indiens und erlebte zumindest die Loslösung von Großbritannien.
- **Martin Luther King** sagte: »I have a dream!« und sah bereits in seinem Traum, wie Gerechtigkeit und Gleichberechtigung die USA durchdringen würden. Er erlebte die Erfüllung vieler kleinerer Träume mit, aber natürlich nicht die Wahl eines schwarzen Präsidenten (Barack Obama).

Dies sind natürlich besonders eindrucksvolle Beispiele. Aber wenn Sie gute Fragen stellen und von ganzem Herzen zuhören, werden Sie entdecken, dass fast jeder Mensch Träume hat, und einige davon auch schon in Erfüllung gegangen sind. Und hier liegt ein Geheimnis! Jeder Mensch hat Träume, Sehnsüchte und Wünsche, nur schlummern sie irgendwo im Unterbewusstsein. Dafür gibt es verschiedene Begründungen. Einige sind:

Wir trauen uns nicht zu träumen, weil wir Angst haben, enttäuscht zu werden. Aber Ent-Täuschung bedeutet nur, dass eine Täuschung dann weg ist und wir jetzt noch klarer sehen. Mit klarer Sicht können wir noch besser träumen. In Psalm 37,4 steht ein wunderschöner Text: »Habe deine Lust am HERRN! Was dein Herz begehrt, wird ER dir geben«. Hier ist die Rede davon, Lust zu haben, also von einer inneren Freude und Sehnsucht, den unbekannten Gott kennenzulernen. Wie kann dieser Gott Ihnen etwas zuteilwerden lassen, wenn Sie aus Angst vor Enttäuschung gar nichts begehren? In diesem Text steht übrigens nicht, dass erstens alle Ihre Wünsche erfüllt werden oder zweitens dass sie sofort erfüllt werden. Auf der Grundlage dieses Textes habe ich (Paul Donders) mich entschieden, lieber 100 Träume zu träumen, wovon vielleicht nur zehn erfüllt werden, als mich auf zwei Träume zu beschränken, die möglicherweise genau zu den 90 unerfüllten gehören.

Wir sehen gar nicht, welche Träume in unserem Leben schon erfüllt sind! Wer seine Träume nicht aufschreibt oder sie anderen Menschen mitteilt, wird sie meistens vergessen, weil sie wieder in unser Unterbewusstes abtauchen. Wenn solche Träume dann irgendwann in Erfüllung gehen, merken wir das häufig nicht einmal. Wir sind außerdem so verwöhnt, dass wir unglaublich vieles für selbstverständlich halten. Da fällt uns die Unzahl erfüllter Träume gar nicht mehr auf, die bereits fast unmerklich Wirklichkeit geworden sind.

Meine Frau und ich (Paul Donders) haben zehn Jahre lang von eigenen Kinder geträumt, bis wir so oft enttäuscht wurden, dass wir diesen Traum fallen ließen. Wir haben damals ein Sabbatjahr auf Hawaii gemacht und kamen dann mit neuen Perspektiven für unsere Berufung zurück nach Hause. Aber ohne Kinder. Allerdings war Sylvia dann sechs Monate danach schwanger mit unserem ersten Sohn, mit dem ich dieser Tage in Oxford bin, um gemeinsam an diesem Buch zu schreiben. Und nicht nur eines, sondern drei Kinder haben wir dann bekommen. Heute sind sie 22, 20 und 18. Realistischerweise sollte ich also während der letzten 22 Jahre ununterbrochen dankbar gewesen sein. Denn jeden Tag sah ich die Erfüllung meiner Träume. Aber war das so? Leider nicht!

Weil wir uns so schnell an erfüllte Träume gewöhnen, fällt uns gar nicht auf, dass schon so viele Träume in unserem Leben Wirklichkeit geworden sind. Darum ist Dankbarkeit eine der wichtigsten Eigenschaften. Täglich bewusst dankbar zu sein und die eigene Dankbarkeit für tausend kleine und große Geschenke des Lebens auch auszudrücken, schärft den Wirklichkeitssinn. Denn all diese Dinge sind Wirklichkeit.

Sie sind auf jeden Fall sehr viel wirklicher als die verschiedenen Ängste, die man pflegt, und die gewissermaßen ein negativer Traum von einer möglichen Zukunft sind. Nicht zu sehen, welche Träume schon in unserem Leben erfüllt sind, sorgt dafür, dass wir weniger träumen und entsprechend viel seltener erleben, welche Energie solche positiven Sehnsüchte freisetzen können.

Bewegende Berufungen werden gespeist durch viel kreatives Träumen. Allerdings gibt es noch viel zu lernen beim Träumen. Übung macht den Meister, und so ist es wieder einmal Zeit für einen kleinen Workshop.

Schreiben Sie so viele Träume wie möglich auf, die Sie in der Vergangenheit einmal hatten! Und stellen Sie nüchtern fest, wie viel dieser Träume schon in Erfüllung gegangen sind. Nützen Sie als kleine Übung gerne das folgende Schema. In den Kreisen malen Sie die Teilfläche aus, die zeigt, wie viel Prozent des jeweiligen Traums Ihrer Meinung nach bis jetzt schon erfüllt worden sind.

Zwei Beispiele finden Sie in den ersten beiden Zeilen der nachfolgenden Tabelle:

Alter	Träume	Prozent	Wie und wann erfüllt
21	Dass wir drei Kinder kriegen sollten		1988 – Jeroen 1990 – Vivian 1992 – Robin
19	Dass ich einen Flugschein bekommen würde und ein eigenes kleines Flugzeug		bis jetzt: 0,0

Trainieren Sie zudem täglich die Tugend der Dankbarkeit! Nehmen Sie sich dreimal am Tag fünf Minuten Zeit, um laut auszusprechen, wofür Sie gerade dankbar sind. Schreiben Sie regelmäßig eine Dankeschönkarte an Menschen, die etwas Kleines oder Großes für Sie getan haben. Danken Sie bewusst den Menschen in Ihrer Umgebung, etwa wenn Sie bedient werden, auf eine Frage die gewünschte Information bekommen oder irgendeine nette Begegnung haben. Machen Sie am Ende des Jahres eine große Übersicht: »Wofür bin ich dankbar, was ist mir alles an Gutem zugestoßen oder gelungen in diesem Jahr?«

Und noch ein Schritt, um das Träumen zu lernen: Machen Sie sich auf und werden Sie zum »Traum-Maler«! Entwickeln Sie einfach aus Spaß an der Freude neue Träume! Manche Fragen können dabei helfen:

- Wenn ich 10 Millionen Euro bekommen würde, was würde ich damit anfangen?
- Wenn ich jede Woche zwei Tage wirklich frei hätte, wie würde ich die Zeit dann am liebsten verbringen?
- Angenommen, mit 50 Jahren gingen Sie in Rente und hätten dann trotzdem genügend Einkommen, die Kinder wären aus dem Haus und könnten für sich selbst sorgen. Was würden Sie dann in den nächsten 20 Jahren aufbauen?
- Was wären Ihre drei Wunschberufe, wenn so ungefähr alles möglich wäre? Und was würde Sie an diesen Berufen so sehr begeistern?

Bitte tragen Sie Ihre ersten Traumideen schon einmal in das nächste Schema ein:

Was würden Sie anfangen mit ...?

... 10 Millionen Euro?
... zwei freien Tagen pro Woche?
... einem Rentenbeginn im Alter von 50 Jahren?
... der freien Auswahl eines Wunschberufes?

Fazit

In diesem dritten Teil der Identitätsbeschreibung geht es nicht darum, die allein selig machende Wahrheit zu entdecken, sich auf ein Ziel festzulegen oder gar die eigenen Wünsche, Träume und Zukunftsvisionen als gut oder schlecht zu klassifizieren. Es geht vielmehr darum, sich dem eigenen inneren Auftrag zu nähern, Träume zu entdecken, die in uns schlummern, und sich darin zu üben, den eigenen Lebensweg kreativ zu gestalten.

3 Aufträge

Wenn Sie dazu berufen sind, Straßen zu kehren,
dann kehren Sie sie, wie Michelangelo Bilder malte oder
Beethoven Musik komponierte oder Shakespeare dichtete.
Kehren Sie die Straße so gut, dass alle im Himmel und auf Erden sagen:
»Hier lebte ein großartiger Straßenkehrer,
der seine Arbeit gut gemacht hat!«

MARTIN LUTHER KING,
US-AMERIKANISCHER BÜRGERRECHTLER

Nachdem Sie im vorigen Kapitel eine Entdeckungsreise in die wunderbare Welt Ihrer eigenen Identität gemacht haben, wenden wir uns jetzt einem neuen Lebensbereich zu: Ihren Aufträgen und der damit verbundenen Wirkung. Denn Berufung hat auch, aber nicht nur, mit den Dingen zu tun, die Sie in Ihrem Leben umsetzen möchten. Manche Menschen formulieren es durchaus so: Sie fühlen sich zu gewissen Aufgaben oder Aufträgen berufen. Es geht also darum, durch praktisches Tun jeden Tag neu eine Wirkung zu erzielen und das zu machen, was man selbst als wertvoll empfindet. Im Berufungsmodell, das Sie in Kapitel 1 kennengelernt haben, stehen die Aufträge eigentlich an letzter Stelle (Nummer 3 in der folgenden Aufzählung):

1. **Schöpfen aus einer gesunden Spiritualität**
   - Quellen
   - Achtsamkeit
2. **Wachsen in meiner Identität**
   - Geschichte
   - Ressourcen
   - Perspektive
3. **Gestalten meiner Wirkung und meiner Aufträge**
   - Bei mir selbst sein
   - Lernen
   - Gestalten
   - Freund sein

In diesem Buch haben wir die Aufträge jedoch vorgezogen – ganz einfach, weil Sie sich im Alltag vermutlich häufiger damit befassen als mit der Frage nach der spirituellen Quelle, aus der Sie schöpfen.

Das soll aber nicht darüber hinwegtäuschen, dass die Art und Weise, wie Sie Ihr Tun gestalten und Ihre Aufträge im Leben sehen, sehr stark abhängig ist von Ihrem Menschen-, Welt- und Gottesbild. Hier sind wir alle Kinder der europäischen Kultur, deren Wurzeln in der jüdischen, griechischen und christlichen Philosophie liegen.

Die Suche nach einem »gesunden Leben« ist auf dieser Welt allgegenwärtig. So findet man eine umfassende Definition des Wortes »Gesundheit« beispielsweise bei der Weltgesundheitsorganisation (WHO). Bemerkenswerterweise ist Gesundheit laut dieser Definition nicht nur das Fehlen von Krankheit oder Gebrechen. Vielmehr beschreibt die WHO Gesundheit beschrieben als Zustand des vollständigen Wohlergehens in körperlicher, geistiger und sozialer Hinsicht.

Noch grundsätzlicher könnte man sagen: Gesundheit entsteht dort, wo die Gegensätze des Lebens in eine Balance kommen. Wobei unser Leben typischerweise tatsächlich von Gegensätzen – oder man könnte auch sagen Spannungsfeldern – geprägt ist.

Hier ein paar Beispiele:

- Schlaf und Wachzustand
- Aktion und Kontemplation
- Individualität und Kommunität
- Mann und Frau
- Jung und Alt
- Herrschen und Dienen

An zwei Beispielen aus dieser Liste wollen wir Ihnen schmackhaft machen, wie Sie eine Balance entwickeln können – die Grundlage dafür, dass sich Ihr Leben gesund entfaltet.

Individualität und Kommunität

Wenn Individualität die höchste Priorität bekommt, wird sie als Individualismus oder Egoismus zur zerstörerischen Kraft. Dies geschieht in der Praxis dann, wenn die verschiedenen Werte, die einem Menschen wichtig sind, dem Wert »Individualität« generell untergeordnet werden.

In seinem Buch »Wie uns der Teufel reitet. Von der Aktualität der 7 Todsünden« beschreibt der Psychologe Heiko Ernst, Chefredakteur der Zeitschrift »PSYCHOLOGIE HEUTE«, was passiert, wenn Individualismus sich zu Hochmut, Selbstsucht und anderen Untugenden entwickelt. Eine solche Entwicklung korrumpiert und zerstört letztlich das Indviduum selbst, seine Beziehungen, sein Umfeld und schließlich die gesamte Gesellschaft.

Umgekehrt wirkt aber auch eine Überbetonung der Kommunität (des Gemeinschaftssinns) zerstörend auf Individuum, Umfeld und Gesellschaft. Räumt man der Kommunität die höchste Priorität ein, wird daraus Kommunismus. Die Entartung des Kommunismus im vorigen Jahrhundert ist nicht nur für Millionen Tote verantwortlich, sondern hat auch mehrere Generationen lebensuntüchtig gemacht.

Das christliche Gottes-, Menschen- und Weltbild bietet hier dagegen einen außergewöhnlich starken Gegenentwurf. Auf dieser Grundlage ist es möglich, ein gesundes Leben, gesunde Beziehungen und eine gesunde Gesellschaft aufzubauen sowie Individualität und Kommunität in Balance zu bringen. Im ersten Buch der Bibel wird die Erschaffung des Menschen folgendermaßen beschrieben.

»Dann sprach Gott: Lasst uns (Kommunität aus drei Individuen: Vater, Sohn und Heiliger Geist) Menschen machen als unser Abbild, uns ähnlich (Individualität und Kommunität).« (Genesis 1,26)

Im tiefsten Kern besagt die christliche Philosophie also, dass der Mensch geschaffen und berufen ist, als Individuum innerhalb einer Gemeinschaft zu leben.

Später heißt es, nachdem Adam als erstes Individuum geschaffen ist: »Dann sprach Gott, der Herr: Es ist nicht gut, dass der Mensch allein bleibt. Ich will ihm eine Hilfe machen, die ihm entspricht.« (1. Mose 2,18) Und er schafft Eva als Gegenüber, das Adam ergänzt. Indem sie als zwei Individuen eine Kommunität (Ehe) bilden, erfüllen Adam und Eva ihren Grundsatz Berufung, Mensch zu sein und zugleich eine Gemeinschaft zu gründen, mit der sie diese Welt gestalten können. Das heißt natürlich nicht, dass jeder Mensch heiraten muss. Es heißt aber wohl, dass jeder Mensch sich als Individuum entfalten und zugleich lebendiger Teil einer Kommunität sein soll.

Die Lebensaufgabe jedes Einzelnen besteht unter anderem darin, sowohl in Freiheit (sich selbst zu sein) als auch in Verantwortung (für den anderen da sein) zu leben. Romano Guardini schreibt in seinem Buch »Die Lebensalter« sinngemäß: Der Mensch wird erst mündig und gesund, wenn er sowohl die Freiheit als auch die Verantwortung lebt.

In unserem Berufungsmodell haben wir darum die Wirkung unserer Aufträge in zwei große Bereiche unterteilt:

1. **Individualität**
   - Bei mir selbst sein
   - Lernen und wachsen
2. **Kommunität**
   - Gestalten und bauen
   - Freund und Partner sein

Herrschen und Dienen

Ein weiteres Spannungsfeld im Leben dreht sich um das Thema »Macht«. In seinem Buch »Die Macht – Versuch einer Wegweisung« gibt Romano Guardini uns einen Einblick in die christliche Philosophie bezüglich Macht. Macht ist die Kraft, der Wille und die Möglichkeit, Entscheidungen zu treffen.

Diese Kraft ist zunächst neutral und nicht von sich aus böse. Ob Macht etwas Gutes oder Schlechtes ist, hängt ganz davon ab, wie der Mensch, der Macht hat, sie ausübt. Das bedeutet konkret: Nicht die Macht selbst ist das Problem, sondern der Mensch, der sie einsetzt. Denn immer wenn ich Macht einsetze – also immer wenn ich eine eigene Entscheidung treffe –, erfahre ich eine innere Kraft und Motivation: Ich lebe, ich bin ein eigener Mensch.

Bin ich charakterlich schwach und selbstsüchtig, werde ich womöglich süchtig nach diesem »Kick«, den die Ausübung der Macht mit sich bringt. Sie kennen vielleicht die Aussage: »Macht korrumpiert, und absolute Macht korrumpiert absolut«. Das stimmt aber nicht ganz. Denn nicht die Macht (die Fähigkeit, zu entscheiden) korrumpiert, sondern das selbstsüchtige Herz des Menschen, das die an sich neutrale Macht einsetzt. Die Selbstsucht ist dafür verantwortlich, dass ein »Machtkick« den Menschen süchtig macht und korrumpiert.

Wie kann der Mensch nun dafür sorgen, dass dies nicht passiert? Benedikt von Nursia, der Begründer des Benediktinerordens, hat Folgendes dazu gesagt: »Macht ist die Freiheit, zu dienen.« Sehen Sie jetzt die Balance zwischen Herrschen (Individualität) und Dienen (Kommunität)? Romano Guardini hat es folgendermaßen zusammengefasst:

Herrschen und Dienen. Im Ebenbild zu Gott sind Herrschen und Dienen wohl Ambivalenzen, die beide zusammen erst das Ganze bilden. Herrschen ohne Dienen wird Selbstsucht und Gewalt [...], Dienen ohne Herrschen Feigheit und Unwürde. Erst ihre Einheit, in welcher jedes zur Fülle seines Sinnes kommt, macht das Ganz-Eine.

Wollen wir also gesund leben, gesund gestalten und eine gesunde Gesellschaft aufbauen, lohnt es sich, im Umgang mit Macht eine gute Balance zwischen Freiheit und Verantwortung zu finden.

Die vier Bereiche im Berufungsfeld Aufträge

Das Berufungsfeld Aufträge spielt sich in vier Bereichen ab. Die beiden ersten tragen die Überschrift »Individualität«, die beiden letzten die Überschrift »Kommunität«. Hier ein kurzer Überblick über das, was Sie im Folgenden erwartet:

1. Bei mir selbst sein

Als einzigartiger Mensch bin ich dafür verantwortlich, ich selbst zu sein und mich selbst zu lieben. Ich darf ganz und gar Individuum sein. Allerdings bringt diese Freiheit, ich selbst zu sein, auch gleich die Verantwortung mit sich, ein gesunder Mensch zu werden, auch damit ich in der Gemeinschaft um mich herum meinen Platz mit Freude und einem gesunden Selbstbewusstsein einnehmen kann.

2. Lernen

Das Leben schenkt mir enorme Möglichkeiten, zu lernen. Jeder Tag bietet neue Chancen, auf die verschiedenen Herausforderungen des Alltags auf meine Weise zu reagieren. Hier habe ich die Macht, mich positiv für das Lernen oder negativ für das Selbstmitleid zu entscheiden. Ich habe ständig die Gelegenheit, zu üben, wie ich Macht (Freiheit) und Verantwortung (Dienstbarkeit) einsetzen will. Dies äußert sich auch darin, wie bewusst ich mit der Weiterentwicklung meiner Talente umgehe. Überlasse ich es dem Zufall, wie sich meine Talente entwickeln? Oder übernehme ich Verantwortung und bilde meine Talente gezielt so aus, dass ich sie zum Wohl der Menschen um mich herum (Gemeinschaft) einsetzen kann?

3. Gestalten

In diesem Bereich meiner Berufung baue ich bewusst ein Stück meines Lebenswerkes auf. Ich nehme mir die Freiheit, individuell zu gestalten. Aber ich nehme auch die Verantwortung auf mich, einen fruchtbaren Beitrag zur Gesellschaft (Kommunität und Verantwortung) zu leisten. Die Herausforderung besteht darin, Ziele festzulegen, Schritt für Schritt etwas Nachhaltiges aufzubauen und mir dabei immer wieder die Frage zu stellen: Wie kann ich meine Mitmenschen mit meinen Begabungen dabei unterstützen, ihren Lebensweg auf eine gesunde Weise zu gehen?

4. Freund sein

Wir können so beschäftigt sein mit unserer eigenen Entwicklung und unserem Lebenswerk (Individualität), dass wir kaum noch Energie haben, für den anderen (Kommunität) da zu sein. Aber das wäre nicht gut. Es ist eine spannende und lebenswichtige Aufgabe, sich für die Menschen in unserer Umgebung Zeit zu nehmen und ihnen unsere uneingeschränkte Aufmerksamkeit zu widmen. Die Zeit, in der wir gerade leben, bietet uns unendlich viel Information und Ablenkung. Gerade deshalb ist eine bewusste Entscheidung (Macht) unerlässlich, sich die eigene Zeit so einzurichten, dass wir für den anderen da sein können (Verantwortung).

3.1 Bei sich selbst sein

Wir beginnen im Themenfeld Aufträge ganz bewusst mit einem Thema, bei dem es ausschließlich um die eigene Person geht. Das geschieht nicht von ungefähr. In unserer jahrelangen Arbeit mit Menschen im Coaching und in Seminaren, aber auch in unserem eigenen Leben haben wir die Erfahrung gemacht, dass vieles, was sonst noch zur Berufung gehört, an diesem Punkt verstärkt oder auch geschwächt wird.

Je mehr ich auf mich achtgebe und für mich sorge, desto mehr Kraft und Wirkung habe ich in den verschiedensten Lebensbereichen. Bei sich selbst sein, heißt also, eine gesunde Sorge und Achtsamkeit für sich selbst zu entwickeln. In persönlichen Beratungsgesprächen kommt daraufhin des Öfteren der Einwand: Es sei sei ja ganz nett, sich um sich selbst zu kümmern, aber bei dem, was alles zu tun sei, könne man der Aufgabe der Selbstsorge einfach nicht nachkommen.

Da fallen dann Sätze wie diese: »Ich sollte mal wieder Sport machen, aber ich schaffe es nicht.«, »Ein Hobby – das habe ich schon lange nicht mehr.«, »Ich habe nicht die Zeit für meine Bedürfnisse, denn die Anforderungen in meinem Leben fressen alles auf.« Der Tenor lautet: Idee gut – Umsetzung unmöglich.

Ich (Peter Essler) nehme solche Einwände sehr ernst. Auch deswegen, weil es in meinem Leben eine Zeit gab, in der diese Aussagen genauso gut von mir hätten stammen können. Doch ich habe erleben dürfen, dass Veränderung möglich ist. Das ging nicht von heute auf morgen, und schon gar nicht durch irgendwelche Instantlösungen. Der Veränderungsweg wird Zeit brauchen – und das darf er auch. Denn wer sagt eigentlich, dass alles sofort geschehen muss?

Wenn ich Veränderung sage, dann meine ich eine dauerhafte Steigerung meiner Lebensqualität, die damit einhergeht. Es geht also bei der Aufgabe, bei mir selbst zu sein, um einen Entwicklungs- und Veränderungsprozess. Wenn ich meine Umwelt richtig verstehe, ist dies genau das, wonach sich die Menschen heutzutage wirklich sehnen. Keine scheinbar so tollen »Quick-&-Dirty-Lösungen« zu bekommen, sondern wirklich eine Veränderung an sich zu erfahren.

Auch auf diesem Weg gibt es kleine Übungen zur Unterstützung. Sie tun uns gut und helfen uns, auf dem Weg zu bleiben. Bevor wir in die großen Themen einsteigen, will ich Ihnen so eine Übung vorstellen. Haben Sie Zeit zum Atmen? Ich hoffe, Sie können mein Augenzwinkern in dieser Frage erkennen. Die Zeit zum Atmen ist alles, was Sie für diese Übung brauchen: Nehmen Sie sich jetzt die Zeit für, sagen wir mal, fünf bewusste Atemzüge. Da Sie gerade dieses Buch lesen, werden Sie vermutlich entweder sitzen oder liegen. Wenn Sie sitzen, richten Sie Ihren Oberkörper bitte auf. Wenn Sie liegen, dann legen Sie sich bitte flach auf den Rücken. Und jetzt ...

tief einatmen – Atem kurz anhalten –
wieder ganz ausatmen – kurz innehalten

Achten Sie bei bei der Übung ganz bewusst darauf, wie der Atem in Sie hinein- und dann wieder aus Ihnen herausströmt. Atmen Sie also einmal nicht automatisch, sondern richten Sie Ihre Aufmerksamkeit gezielt auf den Atem. Und dann beginnen Sie wieder von vorne ...

tief einatmen – Atem kurz anhalten –
wieder ganz ausatmen – kurz innehalten

Die ganze Übung umfasst genau fünf komplette Atemzüge. Während der Übung sind Sie durch die bewusste Fokussierung Ihrer Aufmerksamkeit ganz bei sich und damit schon praktisch in dem Thema, mit dem wir uns in diesem Kapitel beschäftigen. Zudem haben Sie sich etwas Gutes getan. Sie können die Atemübung sehr effektiv einsetzen in Situationen, in denen Sie gestresst oder angespannt sind. Sie können Sie aber auch einfach nebenbei durchführen, egal, wo Sie sind: in einem Meeting, am Schreibtisch, beim Warten auf die U-Bahn, abends im Bett ... auf jeden Fall tun Sie sich damit etwas Gutes.

3.1.1 Selbstachtsamkeit

Auf sich selbst zu achten, für sich selbst zu sorgen und (immer wieder bewusst) ganz bei sich selbst zu sein trägt Früchte. Die größte Frucht ist eine ständig wachsende Lebensqualität. Was sind die Ursachen dafür? Wenn ich bei mir selbst bin, nehme ich mich bewusster wahr. Ich spüre eine große Lebendigkeit und einen Reichtum in mir. Die Aufmerksamkeit auf meine Person zu richten, schärft meine Wahrnehmung. Ich entdecke Bereiche in mir, die schon immer da waren, die ich aber bisher nicht bewusst wahrgenommen habe.

Erst seit ich (Peter Essler) mit einem regelmäßigen körperlichen Krafttraining begonnen habe, ist mir klar, wie viele verschiedene Muskeln einem Menschen eigentlich weh tun können. Meine Muskeln waren immer da, bemerkt habe ich sie nicht.

Mit der Entdeckung meiner Vielheit lerne ich auch, mich differenzierter über mein eigenes Befinden auszudrücken. Wurde ich früher nach meinem Gefühlszustand befragt, musste ich mich mit den Antwortmöglichkeiten »gut« oder »schlecht« begnügen. Heute kann ich (vor allem im Gespräch mit mir selbst) wesentlich differenzierter antworten. Das Leben wird bunter, vielfältiger, und es gibt viel zu bestaunen.

Diese Wahrnehmungen sind ein Feedback meiner Person über mich selbst. Und zwar ein geniales und treffsicheres Feedback, wie wir später sehen werden. Ein Feedback kann man mit einem Geschenk vergleichen. Durch die verstärkte Selbstwahrnehmung bekommen Sie gratis jede Menge Geschenke. Diese Geschenke weisen Sie auf Bedürfnisse hin, die für Sie von Bedeutung sind. Bedürfnisse wahrzunehmen bedeutet, dass Sie ganz bei sich sind. Es geht ja schließlich um **Ihre** Bedürfnisse. Bedürfnisse stellen mir eine Frage: Welche Möglichkeiten habe ich, gut mit mir umzugehen? Manchmal ist die Antwort nicht leicht zu finden. Manchmal ist kreatives Denken notwendig, um in dieser Frage weiterzukommen. Aber ob leicht oder herausfordernd, die Antworten fließen in Ihre persönliche Lebensqualität hinein.

3.1.2 Die eigenen Gefühle

In den letzten Jahren hat sich mehr und mehr die Erkenntnis durchgesetzt, wie bedeutsam Gefühle für ein gesundes Leben sind. So sprechen manche Autoren von einer emotionalen Intelligenz EQ – in Anlehnung an den weit verbreiteten IQ. Damit wird den Gefühlen eine selbstständige Kompetenz zugewiesen. Auch in der sogenannten gewaltfreien Kommunikation von Marshall B. Rosenberg spielt der Umgang mit den eigenen Gefühlen eine wesentliche Rolle. Darin wird der Zusammenhang zwischen Gefühlen und Bedürfnissen dargestellt. Der besondere Wert der Gefühle liegt darin, dass sie uns ein geniales Feedback über uns selbst geben. Dieses Feedback ist präzise und genau und lädt uns dazu ein, in der Achtsamkeit mit uns selbst zu wachsen. Und ob wir es mit für uns angenehmen oder unangenehmen Gefühlen zu tun haben: Sie sind ein Geschenk für uns.

Häufig scheitert die Auseinandersetzung mit den Gefühlen jedoch daran, dass man nicht in der Lage ist, seinen aktuellen Gefühlszustand treffend zu beschreiben. Die Antworten »gut« oder »schlecht« stellen eine Bewertung der aktuellen Situation dar, in der man sich gerade befindet, aber keine Benennung des tatsächlichen Gefühls, das man gerade empfindet.

Der Gefühlswortschatz

Um den Wortschatz und damit auch die Wahrnehmungsfähigkeit in Bezug auf die eigenen Gefühle zu vergrößern, eignet sich ein einfaches, aber in der Praxis sehr wirkungsvolles Modell aus der Transaktionsanalyse. Es besagt, dass sich die vielen verschiedenen Gefühle aus vier sogenannten Grundgefühlen zusammensetzen. Diese Grundgefühle sind Freude, Trauer, Angst und Wut.

Man fragt in der Praxis den aktuellen Gefühlszustand mit Fragen zu diesen vier Grundgefühlen ab.

- Freue ich mich?
- Bin ich traurig?
- Habe ich Angst?
- Bin ich wütend?

Dieser schlichte Weg hilft erfahrungsgemäß enorm dabei, den eigenen Gefühlen auf die Spur zu kommen. Ich kann auch zwei Fragen mit ja beantworten. Ich kann z. B. traurig sein und gleichzeitig Angst haben. Experimentieren Sie ein wenig mit diesem Modell. Halten Sie an verschiedenen Punkten in Ihrem Tagesablauf kurz inne und stellen Sie sich diese vier einfachen Fragen. Sie werden feststellen, wie schnell Sie sicherer werden in der Beschreibung Ihrer Gefühlslage.

Auf dem Weg der Gefühlserkundung ist aber noch ein wichtiger Hinweis erforderlich. Beschreiben Sie Ihr Gefühl, ohne eine Bewertung hinzuzufügen. Sagen Sie ganz einfach zu sich selbst: »Ich bin traurig.« Aber nicht: »Ich bin traurig, aber ich darf nicht traurig sein.« Oder: »Es ist nicht gut, wenn ich traurig bin.«

Oder sagen Sie: »Ich bin wütend.« Jedoch nicht: »Ich bin wütend, aber es ist schlecht, wenn ich wütend bin.« Bleiben Sie ganz einfach nur bei der Beschreibung Ihres Gefühls. Widerstehen Sie der Gefahr, sich selbst abzuwerten, weil Sie jetzt gerade dieses Gefühl empfinden. Gefühle sind weder gut noch schlecht, und wenn sie da sind, sind sie da. Gefühle tauchen eben in bestimmten Situation auf und geben Ihnen eine hervorragende Rückmeldung darüber, was in Ihnen vorgeht. Indem Sie sie wahrnehmen, sind Sie ganz bei sich.

Gefühle als Hinweis auf bestehende Bedürfnisse

Nach Marshall B. Rosenberg tauchen Gefühle dann auf, wenn bestimmte Bedürfnisse der eigenen Person befriedigt oder auch nicht befriedigt wurden. Oder um es mit Rosenberg zu sagen: Die Bedürfnisse sind die Wurzeln unserer Gefühle. Das bedeutet konkret, wahrnehmbar ist das

Gefühl, aber ausgelöst wurde es, weil sich ein Bedürfnis darunter gemeldet hat.

Das Gefühl ist somit ein inneres Signal, das mich auf wichtige Bedürfnisse aufmerksam macht. Jetzt wird auch der Sinn und Nutzen der Gefühle klar. Über den Weg von den Gefühlen zu den Bedürfnissen erhalten wir wertvolle Hinweise, wie wir gut mit uns selbst umgehen können. Die Gefühle geben uns wichtige Informationen über uns selbst.

Wenden wir nun den Zusammenhang von Gefühlen und Bedürfnissen auf unsere vier Grundgefühle an, so ergibt sich dieses Bild:

Gefühl	Freude	Trauer	Angst	Wut
Bedürfnis	Mitteilung	Trost	Schutz	Veränderung

In jedem Gefühl teilt sich mir automatisch ein Bedürfnis als Botschaft mit. Wie lässt sich aber erklären, dass sich gerade die oben genannten Bedürfnisse melden? Und wie kann ich nun in der Praxis diese Botschaft nutzbringend für mich umsetzen?

Ganz unproblematisch ist es in der Regel, wenn ich **Freude** empfinde. Dann habe ich das Bedürfnis, sie mit (vielen) Menschen zu teilen. Ich will davon erzählen, was mir da gerade widerfahren ist. Ich will es nicht für mich behalten, sondern handeln nach dem Motto: »Geteilte Freude ist doppelte Freude«.

Interessanter im Sinne einer Wachstumsmöglichkeit ist das Gefühl der **Trauer**. Das damit verbundene Bedürfnis nach Trost ist offensichtlich. Vor unserem Auge taucht schnell ein kleines Kind auf, das mit dicken Tränen zu seiner Mama läuft und sich von ihr in den Arm nehmen lässt. Der Trost der Mutter ist heilsam. Doch Trauer empfinden nicht nur Kinder, und dieses Gefühl ist auch nicht beschränkt auf Ausnahmesituationen wie etwa den Tod eines lieben Menschen. Trauer ist Teil des normalen Lebens. Ein Wunsch, der sich nicht erfüllt, ein Ziel, das nicht erreicht wird, eine Freundschaft, die zerbricht ... Wo und wann immer wir traurig sind, dürfen wir uns die Frage stellen: Wie, wo oder durch wen können wir getröstet werden? Die Trauer will bewältigt werden. Nur dadurch gehen wir liebevoll mit uns selbst um.

Wie sieht es mit der **Angst** aus? Die Angst offenbart das Bedürfnis nach Schutz, das ist klar. Im Umgang mit der Angst liegt ebenfalls ein riesiges Wachstumspotenzial. Pater Anselm Grün lässt in seinem Buch »Leben und Beruf – eine spirituelle Herausforderung« einen pensionierten Unternehmensleiter zu Wort kommen:

Angst ist doch unser aller Thema: Aber solange ich Chef war,
habe ich mich nicht getraut, über Angst zu reden,
und meine Kollegen auch nicht. Aber heute reden wir alle darüber,
dass uns die Angst ständig begleitet hat.

Das ist eine perfekte Beschreibung, welche Bedeutung die Angst hat und wie sie doch immer wieder unterdrückt wird. Auch wenn nicht jeder von uns Unternehmensleiter ist, so betrifft die Angst doch jeden von uns. Oder wie es Benediktinerpater Anselm Grün formulierte: »Angst gehört zum Menschsein.«

Wenn die Angst ohnehin vorhanden ist, lohnt es sich auf alle Fälle zu lernen, wie man konstruktiv damit umgeht. Eine wichtige Frage in diesem Zusammenhang lautet: Wie sieht für Sie denn ein Schutz in einer bestimmten Situation aus? Wie kann der Schutz wirklich werden? Wer könnte Ihnen dabei behilflich sein, ihn aufzubauen? Der konstruktive Umgang mit der Angst fordert, sich ihr zu stellen und lebensdienliche Wege zu finden.

Beim Thema **Wut** ist der Zusammenhang zwischen Gefühl und Bedürfnis nicht so offensichtlich wie bei den anderen Gefühlen. Warum ist das Bedürfnis, das hinter der Wut steckt, die Veränderung? Das lässt sich am besten an einem Beispiel illustrieren:

Ein kleines Kind will am Abend unbedingt noch eine Fernsehsendung anschauen. Die Eltern sind dagegen, das Kind wird wütend. Es schreit, stampft mit den Füßen auf und wirft die Tür zu, drückt also seine Wut sprachlich und nonverbal aus. Die Eltern bleiben bei ihrem Nein. Das Kind steigert sich in seine Wut hinein.

Nun lautet die Frage an Sie: Was müsste passieren, damit die Wut des Kindes sich auflöst? Was ist das Bedürfnis des Kindes? Das Kind will, dass sich dieses Nein in ein Ja verwandelt. Für diese Veränderung kämpft es leidenschaftlich. Ab dem Punkt, an dem die Eltern doch ja sagen, ist plötzlich alle Wut verflogen – es ist unglaublich, wie schnell das geht. Mehr noch, die Eltern sind von einem Augenblick zum anderen zu den besten Eltern geworden, die sich das Kind überhaupt vorstellen kann.

An diesem Beispiel – das wir nicht zur Nachahmung empfehlen! – wird deutlich, dass in der Wut das Bedürfnis nach Veränderung und die Kraft dazu steckt. Wenn ich wütend bin, will ich Veränderung. Und ich habe auch die Kraft, diese Veränderung herbeizuführen. In meiner Wut kann ich mich fragen, wie ich die Kraft nach Veränderung am besten einsetzen kann.

An dieser Stelle noch ein ergänzender Gedanke aus der Praxis: Wenn ich nicht wütend bin auf eine Situation, dann fehlt mir auch die Kraft und Leidenschaft zur Veränderung. Einen Zustand, der mir gleichgültig ist, werde ich nicht verändern. Somit ist die Wut als Gefühl sehr wertvoll. Sie bringt mich in Bewegung. Manchmal darf man jedoch in der Wut noch lernen, die frei werdende Energie zur Veränderung einzusetzen und nicht dazu, sich selbst und anderen zu schaden.

3.1.3 Die Gedanken

Neben den Gefühlen spielen die Gedanken eine große Rolle, wenn es darum geht, ganz bei mir selbst zu sein. Ähnlich wie bei den Gefühlen geht es in erster Linie um die Frage, was sie offenbaren. Bei den Gefühlen haben wir gelernt, die dazugehörigen Bedürfnisse wahrzunehmen.

In die Gedankenwelt finden wir am einfachsten den Zugang über Situationen, die Stress in uns auslösen oder uns beunruhigen. Das geht folgendermaßen: Stellen Sie sich irgendeine Stresssituation aus Ihrem Leben vor. Sie nehmen diese wahr, weil Sie unruhig werden, weil Ihr Puls schneller schlägt, weil der Blutdruck steigt, weil Sie gereizt sind, weil die Atmung schneller wird und so weiter und so fort. Um aber die Stressreaktionen hinsichtlich der Gedanken zu entschlüsseln, benötigen wir ein mehr als 2000 Jahre altes Prinzip, das inzwischen von der aktuellen Hirnforschung bestätigt wurde:

Es sind nicht die Dinge, die uns beunruhigen, sondern die Art und Weise, wie wir sie bewerten. Im Klartext: Unterschiedliche Anlässe bringen eine Stressreaktion in Bewegung, aber oft steht eine Bewertung im Hintergrund, die die Situation erst richtig zum Stress für uns macht. Das gilt nicht immer und nicht in allen Situationen. Aber in der Praxis zeigt sich doch, wie häufig wir mit bewertenden Gedanken am Werk sind – sehr viel häufiger, als wir es gemeinhin annehmen. Deswegen gibt es hier auch ein besonders großes Entwicklungspotenzial.

Lassen Sie mich (Peter Essler) den Zusammenhang zwischen einer (Stress-)Situation und den Gedanken an einem ganz praktischen Beispiel erklären. Ich bin unterwegs zu einem Seminar, zu dem ich als Referent eingeladen bin. Da ich ein pünktlicher Mensch bin, plane ich entsprechende Pufferzeiten ein und fahre rechtzeitig los. Ich schätze es, entspannt anzukommen. Doch das Leben ist oft nicht gradlinig. Ich komme in einen nicht vorhergesehenen Stau. Ich komme nur zähflüssig bis stockend voran, und obwohl ich Pufferzeit eingeplant habe, ist sie irgendwann aufgebraucht. Je länger ich mich in diesem Stau fast nicht bewege, desto unruhiger werde ich. Eine ganz normale Stresssituation. Das Kribbeln im Bauch wird immer stärker. Die Gedanken an ein mögliches Zuspätkommen lösen allmählich Panik in mir aus. Was hat aber nun die Stressreaktion so eskalieren lassen? Vordergründig natürlich die Möglichkeit, dass ich zu spät zum Seminar kommen könnte. Aber ist dies wirklich ein objektiver Grund, derart unruhig zu werden? Gibt es ein Naturgesetz, das mir bei Verspätung vorschreibt, unruhig werden zu müssen – ähnlich dem Gesetz der Schwerkraft, das bewirkt, dass ein Gegenstand in meiner Hand nach unten fallen muss, wenn ich ihn loslasse? Nein, natürlich gibt es das nicht, aber ich verhalte mich, als gäbe es das.

Es ist ein Automatismus in mir: Zu spät kommen – unruhig werden. Dieser Automatismus ist sehr ausgeprägt und damit fällt er mir nicht besonders auf. Wenn ich pünktlich komme, was in der Regel bei mir der Fall ist, tritt dieser Automatismus gar nicht erst zutage. Doch in Stresssituationen taucht er auf. Hierin liegt der Segen solcher normalerweise nicht geliebten Situationen.

Lassen Sie uns zurückkommen zum Thema Gedanken. Was war nun mein Gedankenmuster, das diesen Automatismus in Bewegung gebracht hat? Es war ein kleiner, aber in seiner Wirkung mächtiger Gedanke in mir, der mir sagt: »Ich muss auf jeden Fall pünktlich sein.« Diesen Satz habe ich von klein auf verinnerlicht. Pünktlichkeit ist ein Muss. Bei uns zuhause war das so. Bitte achten Sie bei diesem verinnerlichten Satz auf das Wörtchen »muss«. Wenn etwas sein muss, darf es keine Ausnahme geben. Solche verinnerlichten Sätze nennt man in der Transaktionsanalyse innere Antreiber. Tatsächlich hat sich dieser Gedanke bei mir auch genauso aufgeführt.

Jeder von uns trägt solche Sätze mit sich herum. Sie schlummern friedlich in uns, solange sie durch einen Umstand nicht herausgefordert werden. Da wir alle aber solche Sätze irgendwann einmal gelernt haben, spricht nichts dagegen, sie auch wieder zu verlernen oder uns stattdessen einen anderen Satz beizubringen. Auch das ist eine wichtige Erkenntnis der Hirnforschung. Sobald ein neuer Gedanke in mir präsent ist, verändert sich die Stressreaktion. Der Übergang vom alten zum neuen Gedanken fühlt sich wie Freiheit an.

Wie sah nun mein neuer Satz aus? Ich habe ihn so formuliert: Es ist mir erlaubt, unpünktlich zu sein. Heißt das, dass ich nun kommen kann, wann es mir passt? Nein, überhaupt nicht. Ich schätze Pünktlichkeit immer noch. Aber wenn ich mal in eine schwierige Situation komme, erinnere ich mich an diesen neuen Satz. Dann werde ich ruhiger und verfalle nicht so schnell in Stress. In folgendem Schaubild habe ich den Zusammenhang von Ereignissen, Gedanken und Reaktionen darauf zusammengefasst:

Ereignis/Situation (Auslöser)

↓

Gedanken (Bewertung der Situation)

↓

Reaktion (z. B. Stress)

Bild 3.1 Erst die Bewertung löst die gefühlsmäßige Reaktion aus

Die Tragweite der eigenen Gedanken

Wir sind in das Thema Gedanken eingestiegen, indem wir uns Stresssituationen vergegenwärtigt haben, weil hier der Einfluss der eigenen Gedanken besonders deutlich zu sehen ist. Doch die Gedanken können uns auch noch darüber hinaus in der Berufung weiterbringen. Dafür müssen wir das Thema noch ein wenig ausdehnen. Sehen Sie sich nun die folgende Darstellung an.

Meine Gedanken über die Welt (Gedankenmuster, Glaubenssätze)

↓

Wie ich die Welt wahrnehme (Weltsicht)

↓

Meine Handlungen

Bild 3.2 Der Einfluss der Gedanken auf die eigenen Handlungen

In der Mitte der Darstellung steht meine Wahrnehmung der Welt – meine Weltsicht. Der Begriff Weltsicht beschreibt, wie ich als Mensch die Welt sehe und wahrnehme. Ich nehme die Welt nicht objektiv wahr. Sondern ich sehe die Welt so, wie ich bin und denke. Maßgeblich geprägt ist meine Weltsicht durch meine Glaubenssätze und Gedankenmuster. Diese Strukturen sind quasi meiner Wahrnehmung der Welt vorausgeschaltet. Das kann man sich sehr gut mit einem Bild klarmachen:

Die Glaubenssätze und Gedankenmuster wirken wie eine Brille, die Sie aufhaben. Durch diese Brille sehen Sie die Welt. Wenn Sie eine Brille mit grünen Gläsern aufsetzen, dann sehen Sie alles in einem Grünton: den Baum, das Haus, die Menschen ... – alles!

Wenn Sie die gleichen Dinge nochmals anschauen, diesmal aber mit einer Brille mit roten Gläsern, dann werden Sie alles in einem Rotton wahrnehmen. Sie haben dieselben Dinge gesehen, nur diesmal in Rot statt in Grün.

Welche Brille wir nun aufhaben, entscheidet darüber, wie wir etwas sehen. Oder um auf das Thema Gedanken zurückzukommen: Die Glaubenssätze und Gedankenmuster sind die Brille, die darüber entscheidet, wie wir die Welt sehen. Und damit legen wir auch die Basis dafür, wie wir handeln und uns verhalten.

Diese zwingende Logik können Sie überall auf dieser Welt beobachten. Ich (Peter Essler) war zur Durchführung eines Teamtrainings nach Wamena in Indonesien eingeladen. Das ist mit 12 000 Einwohnern die größte Stadt in der Provinz Papua, die ausschließlich über eine Luftbrücke versorgt wird. Dort haben mir die westlichen Mitarbeiter vor Ort erklärt, welch herausragende Position die weißen Menschen in den Augen der Bewohner Papuas haben. Einer brachte es folgendermaßen auf den Punkt: »Jeder weiße Mensch kann grundsätzlich alles – auch zum Mond fliegen.« Für uns Europäer mit westlicher Denkweise ist klar, dass dies absolut nicht stimmt. Aber für die Bewohner Papuas ist eben das die Wirklichkeit.

In unseren Betrachtungen geht es nicht darum, verschiedene Weltsichten als richtig oder falsch einzuordnen. Vielmehr geht es um das Erkennen der eigenen grundlegenden Gedankenstrukturen. Damit haben aber die eigenen Gedanken einen direkten Einfluss auf die Berufung und die eigene Sichtweise darauf.

Wachstum und Entwicklung vollziehen sich dort, wo ich mich bezüglich dieser Strukturen irritieren lasse und diese hinterfrage. In der Bibel sagt Jesus: »Ein guter Baum kann keine schlechten Früchte hervorbringen und ein schlechter Baum keine guten.« (Matthäus 7,18) Genau darum geht es: Daran zu arbeiten, dass ich durch gesunde, lebensspendende Gedanken auf meinem Berufungsweg gute Handlungen hervorbringe. Damit fördere ich gleichzeitig meine eigene Gesundung.

Gedankenmuster entdecken

Die eigenen Gedankenmuster zu erkennen ist eine interessante Aufgabe. Da ich diese Muster oft schon viele Jahrzehnte in mir herumtrage, bin ich so sehr daran gewöhnt, dass sie mir nicht mehr auffallen. Sie sind wie die Luft zum Atmen, die immer da ist und die ich normalerweise nicht bewusst wahrnehme.

Um nun die Entdeckungsreise zu starten, benötige ich eine Irritation, die meinen normalen Tagesablauf und Gedankenfluss stört. Eine solche Irritation kann es durch eine Stresssituation geben, wie ich sie im vorletzten Abschnitt beschrieben habe. Die Irritation kann aber auch dadurch zustande kommen, dass ich jemandem begegne – in einem Gespräch, einem Buch oder einem Film –, der völlig anders denkt als ich.

Beschäftigen Sie sich mit Denkern, die über den sogenannten Tellerrand hinausschauen. Jede Zeit hat ihre genialen prophetischen Denker. Irritationen können alle möglichen Themen betreffen. Da gibt es keine Grenzen. Die Begegnung mit anderen Denkmustern beziehungsweise die Irritation kann für mich ein Anlass sein, über meine Gedankenmuster nachzudenken. Dabei kann ich mir selbst hilfreiche Fragen stellen:

Von welchen Vorannahmen geht mein Gegenüber aus, dass es gerade zu dieser Weltsicht und zu einem solchen Handeln gelangt? Was sind meine Vorannahmen dazu? Wer hat mir das eingetrichtert? Muss das zwangsläufig richtig sein?

Indem ich mir diese Fragen stelle, fange ich an, die Grundlagen meines Handelns und meiner Weltsicht zu hinterfragen. Meine eigene Welt wird dadurch Stück für Stück größer. Gedanken, die mich eingegrenzt haben, können durch neue ersetzt werden.

Das habe ich (Peter Essler) schon oft im Coaching und nicht zuletzt bei mir selbst erlebt. Wann komme ich an diese Muster nicht heran? Wenn ich mich nicht auf den Weg mache und in einer Situation eben nur auf die Situation schaue. Dann lasse ich es nicht zu, dass meine Denkgrundlagen hinterfragt werden. Um sie zu entdecken, benötige ich ein wenig Zeit für mich. Oder um es anders auszudrücken: Ich muss mal wieder bei mir sein.

Die Veränderung meiner Gedankenmuster

Gedankenmuster treten nicht nur als Sätze auf, sondern zeigen sich auch in Form von Bildern. Wenn ich ein Muster entdeckt und identifiziert habe, ist das schon die halbe Miete. Allein schon die Wahrnehmung, dass ich in einer Situation mit wenig hilfreichen Mustern hantiere, löst einen Veränderungsprozess aus.

Ein neues Muster muss zu mir passen. Da kann ich nicht irgendeines nehmen. Aber wer sagt denn eigentlich, dass ich sofort das passende Muster finden muss? Ich darf ausprobieren und spielen.

Lassen Sie mich zum Thema Veränderung noch ein Beispiel aus meinem Leben hinzufügen. Vor einigen Jahren – ich hatte schon einiges zum Thema Zeitmanagement gemacht – wollte ich meine eigenen Grundlagen dafür überdenken. Zu diesem Zeitpunkt hätte ich es nicht so nett formuliert. Tatsache war, dass ich wegen der ganzen Arbeit und der ständig herrschenden Hektik einfach nur genervt war. In einem erleuchteten Moment, ich war ganz bei mir, kam mir ein Bild in den Sinn, das meine Situation perfekt beschrieb: Mir ging es wie einem Artisten im Zirkus, der damit beschäftigt ist, zehn Teller gleichzeitig durch schnelle Drehung auf den Stäben zu halten. Die Teller standen für meine verschiedenen Aufgaben.

Als ich dieses Gedankenbild betrachtete, war mir klar: Es zeigte Stress in Reinkultur. Entsprechend gestresst fühlte ich mich auch. Aber ich hatte auch schon die halbe Miete für die Veränderung. Den letzten Schritt in ein gelasseneres Leben hinein brachte mir dann die Frage: Muss es überhaupt sein, dass ich zehn Teller gleichzeitig rotieren lasse? Jetzt war der Bann gebrochen. Ich entschied mich, jeweils nur einer Aufgabe meine Aufmerksamkeit zu widmen. Wie lang oder kurz der Zeitraum für die einzelne Aufgabe sei, sollte egal sein. Mein Ziel war jedoch, ganz bei der jeweiligen Aufgabe zu sein. Und was war das Ergebnis dieser Gedanken? Erstens wuchs meine Gelassenheit, und zweitens konnte ich eine größere Arbeitsmenge bewältigen als vorher.

Sobald Sie einmal den Nutzen erlebt haben, die eigenen Gedankenmuster zu erkennen und zu hinterfragen, werden Sie auf diesem Weg gerne weitergehen. Garantiert wird sich dadurch Ihre Lebensqualität erhöhen.

3.1.4 Der Körper

Wenn wir zunehmend lernen, achtsam mit uns selbst umzugehen, spielt der Körper eine sehr bedeutende Rolle. Mit unserem Körper werden die zahlreichen Aktionen, die wir in unserem Leben durchführen, überhaupt erst möglich.

An meinem Körper komme ich nicht vorbei. Egal, was ich gerade tue, er ist bei mir. Das bedeutet automatisch, dass mich auch die Bedürfnisse meines Körpers ständig begleiten. Der Körper ist nicht nur einfach da, sondern er braucht auch etwas.

Achtsamkeit beginnt damit, die Bedürfnisse des eigenen Körpers wahrzunehmen. Und wieder bin ich ganz bei mir. Manche Menschen haben Angst davor, auf ihre körperlichen Bedürfnisse zu achten. Denn dadurch könnte deutlich werden, dass bestimmte Veränderungen dringend notwendig wären. Viele glauben, dass sie für Veränderungen in ihrem Leben keine Zeit und keinen Platz haben. Oft gleicht das einer Zwickmühle: Ich erkenne den Bedarf einer Veränderung, habe dafür allerdings keine Zeit.

Wenn ich jedoch die Veränderung nicht angehe, sind die Konsequenzen denkbar ungünstig. Meist halte ich deshalb erst einmal still und mache gar nichts. Dies ist auf alle Fälle **eine** Lösung, ob nun hilfreich oder nicht.

Doch diese Lösung führt auf Dauer nicht weiter. Die Auseinandersetzung mit dem eigenen Körper und seinen Bedürfnissen wird nur auf einen späteren Zeitpunkt verschoben. Relativ häufig geschieht es, dass man dann irgendwann durch eine Krankheit (Bandscheibenvorfall, Herzinfarkt, Burnout ...) plötzlich gezwungen wird, sich der Auseinandersetzung mit dem Körper zu stellen, ganz nach dem Motto: »Wer nicht Zeit für die Gesundheit eingeplant hat, muss sich dann Zeit für die Krankheit nehmen«.

Ihnen geht es vermutlich nicht anders als mir: Ein solches Krankheitsszenario motiviert mich nicht unbedingt. Darum würde ich Ihnen gerne einen Weg zeigen, konstruktiv mit der Vermeidung der oben beschriebenen Zwickmühle umzugehen. Dazu ein paar schlichte Gedanken, wie die Auseinandersetzung mit dem eigenen Körper aussehen könnte:

Die Bedürfnisse des Körpers zu spüren, aber keine Konsequenzen daraus zu ziehen ist keine probate Lösung. Wer in dieser Zwickmühle steckt, vergleicht seinen jetzigen Zustand dauernd mit einem gewünschten Idealzustand in der Zukunft. Da aber die beiden Zustände weit voneinander entfernt sind, erscheint die Umsetzung nicht wirklich realistisch. Wir spüren das und lassen lieber gleich die Finger von dem Unterfangen, denn es könnte ja scheitern.

Der Vergleich des jetzigen unerwünschten Zustandes mit einem fernen Ideal bringt mich gedanklich sogar in immer größere Bedrängnis. Jetzt habe ich es immer noch nicht geschafft, eine gesunde Lebensführung hinzubekommen. Was bin ich eigentlich für ein Versager? Der gewünschte Idealzustand gleicht einem Paradies. Dort ist es einfach nur wunderbar. Den Sprung vom Jetztzustand ins Paradies schafft aber niemand.

Aus dieser Zwickmühle können wir uns befreien, wenn wir nicht gleich alles auf einmal lösen wollen, sondern im Hier und Jetzt beginnen. Dazu gleich eine kleine Übung. Nehmen Sie sich ein paar Minuten Zeit. Listen Sie alles auf, was Sie jetzt schon für Ihren Körper tun. Beschreiben Sie dies mit Stichworten und Ergebnissen aus den letzten Wochen. Denken Sie dabei auch an so alltägliche und kleine Dinge wie Zähneputzen oder die Benutzung der Treppe statt des Fahrstuhls ...

Das habe ich in den letzten Wochen für meinen Körper getan	
Was?	Wie häufig?

Betrachten Sie nun diese Liste. Loben Sie sich dafür. Hören Sie auf das Danke Ihres Körpers. Das ist kein psychologischer Trick, sondern simple Realität. Wäre Ihre Liste leer, würden Sie gar nicht mehr leben. Nehmen Sie den aktuellen Zustand so an, wie er eben ist. Damit geben Sie nicht Ihr Einverständnis, dass es immer so bleiben soll. Aber jetzt ist es erst einmal so, wie es ist. Das anzunehmen ist der Startpunkt, von dem aus Veränderung möglich ist. Jetzt kämpfen Sie nicht mehr gegen den unerwünschten aktuellen Zustand, sondern akzeptieren ihn zunächst.

Beim nächsten Schritt nehmen Sie noch einmal Ihre Körperinvestitionsliste zur Hand. Das Dankeschön des Körpers haben Sie schon gehört. Aber Ihr Körper spricht auch über seine Bedürfnisse zu Ihnen. Gehen Sie die Liste durch und fragen Sie Ihren Körper, welche Bedürfnisse er darüber hinaus hat. Reden Sie mit Ihrem Körper. Er weiß genau, was für ihn gut und wertvoll ist. Spüren Sie seine Bedürfnisse auf und schreiben Sie diese in den folgenden Kasten.

Versuchen Sie dabei zunächst nicht, auf alle richtigen und wohlmeinenden Ratschläge anderer zu hören, was für einen Körper angeblich alles gesund sei. Es geht um Ihren Körper. Er kennt die Antwort. Wenn Sie auf Ihren Körper hören, sind Sie abermals ganz bei sich.

Bevor Sie beginnen, noch ein kleines Beispiel von mir (Peter Essler). Sobald ich mehr als drei Tage keine intensive körperliche Betätigung gehabt habe, meldet sich mein Körper. Er wird unruhig und signalisiert mir damit: Ich brauche einmal wieder Auslauf.

Welche Bedürfnisse hat mein Körper?

Das war jetzt eine »Trockenübung«. Lernen Sie die verschiedensten Bedürfnisse Ihres Körpers aber auch im Alltag kennen, also bei der Arbeit, in der Freizeit, mitten in einer Beschäftigung. Damit sind Sie schon mittendrin in einem Veränderungsprozess. Ich würde mich nicht wundern, wenn Sie allein durch die verstärkte Wahrnehmung bereits Wege finden würden, um den Bedürfnissen Ihres Körpers besser gerecht zu werden.

3.1.5 Entspannen und Übergänge gestalten

Wer arbeitet, ist fokussiert. Die Energie wird darauf gerichtet, Ergebnisse zu erzielen. Man ist in Spannung, ohne die kein Arbeiten, aber auch kein Leben möglich wäre. Gerade Menschen, die sich für eine bestimmte Arbeit oder zu bestimmten Projekten berufen fühlen, geben sich oft ganz hinein. Sie verlieren sich in der Tätigkeit und sind nicht mehr bei sich. Das darf sein und drückt die Bereitschaft aus, die eigene Berufung mit Leidenschaft auszuüben.

Doch wie komme ich in solchen Phasen wieder zu mir zurück? Wie gelingt es mir, diesen wichtigen Aufgaben nachzukommen und trotzdem bei mir zu sein?

Letztlich geht es um Übergänge, die gestaltet werden wollen. Es geht um den Weg von Anspannung zu Entspannung, auf dem ich mich selbst wieder mehr wahrnehmen kann.

Die Anspannung hört mit dem Arbeitsende nicht einfach auf – das kennen Sie sicher. Daher bietet es sich an, nach einem Weg zu suchen, der die Anspannung reduziert. Eine Anspannung, die nicht abgebaut wird, hält mich logischerweise unter Spannung. Der nächste Tag bringt wieder neue Anspannung mit sich, der übernächste Tag ebenso ... Die Anspannung baut sich immer mehr auf, und ich kann mich nicht mehr erholen.

Auch der Ruhetag, den man (hoffentlich) im Wochenrhythmus hat, bringt nicht die erhoffte Erholung. Der Druck, der auf diesen Tag gelegt wird, ist enorm. Schließlich will man sich an dem Ruhetag erholen, denn die nächste Woche wartet schon. Ein Teufelskreis, den ich aus vielen Gesprächen kenne.

Entspannungswege

Doch wie sieht nun ein gelungener Übergang zwischen Anspannung und Entspannung aus? Wir reden vom Feierabend. Der Arbeitstag ist gerade zu Ende gegangen. Wie gestalten Sie die Zeit danach?

Hilfreich ist, nicht an die große Aktion zu denken, sondern eher an die kleinen Tätigkeiten, die zusammengenommen Sie beim Übergang zur Entspannung unterstützen. Diese Tätigkeiten sind Ihre bevorzugten Wege der Entspannung. Nehmen Sie ein Buch zur Hand? Lösen Sie ein Kreuzworträtsel? Trinken Sie einen Tee oder Kaffee? Spielen Sie mit Ihren Kindern? Oder gehen Sie mit Ihrem Hund Gassi?

Nehmen Sie sich ein paar Minuten Zeit und sammeln Sie alle Tätigkeiten, bei denen Sie persönlich entspannen können. Das Sammeln geht am schnellsten, wenn Sie sich an konkrete Tätigkeiten erinnern, die sie im Entspannungsprozess unterstützt haben. Tragen Sie möglichst viel zusammen. Schreiben Sie jetzt Ihre Einfälle möglichst konkret auf.

Das hilft beim Entspannen:

Das Entspannungsdrehbuch

Ihre nun hoffentlich sehr lange Liste mit Entspannungsübungen ist das Rohmaterial für Ihren persönlichen Übergang. Dieser Übergang gleicht einem Drehbuch, das Sie für sich schreiben dürfen. Keine Sorge, auch wenn Sie wie ich noch nie ein reales Drehbuch geschrieben haben, bekommen Sie das hin. Sie sind der Hauptdarsteller in diesem Drehbuch. Der Titel des Drehbuchs lautet »So wächst meine Entspannungskompetenz«.

Beschreiben Sie nun den Weg des Hauptdarstellers ab der letzten halben Stunde bei der Arbeit bis zum Ende des Feierabends. Was soll der Protagonist machen? Was sollte er auf keinen Fall machen? Beschreiben Sie den Weg in chronologischer Reihenfolge. Hier ein kleiner Auszug, wie so etwas bei einem Protagonisten P aussehen könnte:

17:30 Uhr:	P fährt seinen Computer herunter
17:35 Uhr:	P nimmt auf dem Weg zum Auto die Treppe (nicht den Fahrstuhl)
17:40 Uhr:	P fährt mit seinem Auto nach Hause, während der Fahrt läuft die Musik von ... (er hat sich eine Sammlung von mehreren Liedern erstellt, die für ihn sehr entspannend sind. Das sind aber keine ruhigen Lieder.)
	...

Schreiben sie Ihr eigenes Drehbuch. Achten Sie darauf, dass der Protagonist nicht überfordert wird.

Drehbuch: So wächst meine Entspannungskompetenz

Das Schöne an diesem Drehbuch ist die Tatsache, dass Sie sich den dazugehörigen Film schon anschauen kann. Sie sehen vorab, was gut laufen könnte und wo Schwierigkeiten auftauchen.

Da Sie aber als Gestalter der Drehbuchautor sind, können Sie so lange daran feilen, bis Sie mit dem Drehbuch zufrieden sind. Aber versuchen Sie, es nicht perfekt zu machen. Denn, wie Oliver Kahn in seinem Buch »Ich. Erfolg kommt von Innen« so treffend gesagt hat: Perfektion ist der Feind des Anfangens.

Sobald Sie das Drehbuch geschrieben haben, fangen Sie mit der Umsetzung an. Da Sie alles schon beim Schreiben gedanklich durchgegangen sind, sind Sie bestens für die Durchführung im realen Leben vorbereitet.

3.1.6 Einen Schutzraum für sich bauen

Sie haben gesehen: Bei sich selbst sein bedeutet, die Aufmerksamkeit auf sich zu lenken und daraus intelligente Schlussfolgerungen zu ziehen. Sehen Sie das sportlich und betrachten Sie diese Aufgabe als eine Art Training.

Ich übe, mich selbst wahrzunehmen. Ich fokussiere meine Wahrnehmung auf meine Gedanken, meine Gefühle, meinen Körper und auf die Entspannung, wobei diese Liste keinen Anspruch auf Vollständigkeit erhebt. Wie bei jedem Training muss ich mir anfangs ganz bewusst Zeit für das Üben nehmen. Es geht um eine Zeit, in der Sie ausschließlich nur für sich selbst da sind.

Fangen Sie an, einen Schutzraum für sich selbst einzurichten. Niemand wird Ihnen diesen Schutzraum einfach so schaffen. Sie müssen ihn selbst bauen. Sonst wird Ihr Wunsch nach persönlichem Wachstum in eigener Sache schnell im quirligen Alltag ausgebremst.

Bauen Sie einen Schutzraum, der nur Ihnen allein gehört. Verankern Sie diesen Schutzraum, indem Sie ihm einen regelmäßigen Zeitpunkt und immer denselben Ort zuweisen. Das erleichtert die Umsetzung enorm.

Was machen Sie, wenn Ihr Tag so voll ist, dass es völlig unmöglich erscheint, diesen Schutzraum aufzusuchen? Nun, dann lohnt sich eine Vorgehensweise, die ich von meinem Kollegen gelernt habe. Gehen Sie einmal Ihren ganzen Tag quasi im Minutentakt durch. Finden Sie eine zeitliche Ritze, in der Sie diesen Schutzraum positionieren können. Da Ritzen von Natur aus nicht groß sind, ist die Chance für Sie, eine zu finden, extrem hoch. Und dann starten Sie mit dem Training am besten bei dem Thema, das für Sie den höchsten Leidensdruck hat.

Mein Schutzraum:

Wann?	Wie häufig?	Wo?

Mit der Zeit wird dieses Training in Ihrem persönlichen Schutzraum Früchte tragen. Wenn Sie etwa an einem Projekt arbeiten und Ihnen plötzlich die Fragen in den Sinn kommen, die Sie bisher »nur« in Ihrem Schutzraum gestellt haben. Wenn das passiert, sind Sie auf dem besten Weg, auch in normalen und alltäglichen Situationen bei sich selbst zu sein.

Wer glaubt, darunter würden die Arbeitsergebnisse leiden, liegt falsch. Ganz im Gegenteil: Ihre gesunde Selbstsorge hilft Ihnen, bestens gerüstet zu sein für die Aufgaben, die Sie haben, und diese Aufgaben auch lösen zu können. Die Selbstsorge macht Sie auf notwendige Verbesserungen aufmerksam, die Sie für ein effektives und dauerhaftes Arbeiten benötigen.

Sobald sich Ihre Selbstachtsamkeit von selbst meldet, haben Sie den Schritt von der bewusst herbeigeführten zur unbewusst vorhandenen Achtsamkeit vollzogen. Sie nehmen ein Gefühl wahr, ohne bewusst danach gefragt zu haben. Waren die Gefühle früher nicht da? Sie waren da, doch haben Sie es sich nicht erlaubt, sie wahrzunehmen. Nun zeigen sich die Gefühle von selbst. Die unbewusst gesteuerte Wahrnehmung läuft parallel zum normalen Leben ab.

Heißt das nun, dass ich die extra Zeiten der Reflexion nicht mehr benötige? Ich persönlich schätze beides. Zeiten, in denen ich mich bewusst meiner Wahrnehmung stelle, und die nicht planbaren Momente im Leben, in denen ich mir meiner Gefühle ganz plötzlich bewusst werde.

3.1.7 Eine Dame sein

Einmal sah ich (Paul Donders) Mutter Teresa im Fernsehen aus einem Flugzeug steigen und wie eine Dame die Treppe hinunterschreiten. Unten wartete schon eine Horde Journalisten auf sie, in der Hoffnung, etwas Interessantes von ihr zu hören. Sie blieb ruhig stehen und sprach mit ihnen. Ihre Haltung strahlte Freundlichkeit aus, aber ich sah auch die Autorität, die von ihr ausging – jene freundliche Autorität einer Dame, die weiß, wer sie ist, die leidenschaftlich einen klaren Auftrag erfüllt und die vor niemandem zurückweicht.

Wo sind die Frauen in unserer Gesellschaft, die wirklich zu Damen geworden sind? Wo sind die weiblichen Führungskräfte, die in authentischer Autorität aufstehen und die Richtung weisen? Dieselbe Frage gilt natürlich auch den Männern. Wo sind die Männer, die echte Herren sind? Mehr dazu später. Jetzt erst einmal zu den Damen.

Eine Zivilisation muss oft einen langen Weg zurücklegen, um der Frau in ihrer Mitte dieselben Rechte zu verleihen wie dem Mann. Europa hat diesen Weg eingeschlagen – auch wenn es dabei noch nicht am Ziel ist. Es bietet Frauen die Möglichkeit, sich frei zu entfalten. In der christlichen Weltanschauung, die die Grundlage für unsere Kultur bildet, ist die Frau dem Manne gleichwertig.

Schon in der Schöpfungsgeschichte spricht die Bibel über Mann und Frau, die nach Gottes Abbild geschaffen sind. Im biblischen Buch der Sprichwörter, Kapitel 31, wird eine jüdische Frau beschrieben, die die Leitung hat über eine große Familie, einen eigenen Betrieb und ein ganzes Landgut. Wie eine Königin regiert sie gemeinsam mit ihrem Mann über ihr eigenes Reich. Nicht mit Gewalt, sondern mit Weisheit, Klarheit, Aussicht auf Erfolg. Alle sind willkommen: Reich und Arm, Jung und Alt, Stark und Schwach. Sie wird nicht wie eine nette Prinzessin dargestellt, die einfach nur hübsch neben dem großen Helden, dem König, sitzt. Im Gegenteil: Hier wird eine Adlige beschrieben, die ihr eigenes »Land« mit Klarheit regiert.

Maria, die Mutter Jesu, ist ebenfalls ein Beispiel für eine große Frau. Gott hat sie auserwählt zu einer besonderen Berufung: »Denn auf die Niedrigkeit seiner Magd hat er geschaut. Siehe, von nun an preisen mich selig alle Geschlechter. Denn der Mächtige hat Großes an mir getan und sein Name ist heilig«. (Lukas 1,48-49) Durch ihre Weisheit, ihre Kraft und die Fähigkeit, Brücken zu schlagen, ist sie zur Ikone der europäischen Frau geworden.

In Europa wird seit 2 000 Jahren aber auch die entwaffnende, dienende Macht verehrt, wie sie bei Maria und vielen anderen heiligen Frauen zu sehen ist. Mancher »Macho« nahm Anstoß daran. So schrieb etwa der Philosoph Arthur Schopenhauer in seinem 1851 veröffentlichten Essay »Über die Weiber«:

Die europäische Dame ist ein Wesen, das es eigentlich gar nicht geben dürfte. So haben eben auch die Alten und die orientalischen Völker die Weiber angesehen und danach die ihnen angemessene Stellung viel richtiger erkannt als wir mit unsrer altfranzösischen Galanterie und abgeschmackter Weiberveneration, dieser höchsten Blüte christlich-germanischer Dummheit, welche nur gedient hat, sie so arrogant und rücksichtslos zu machen, dass man bisweilen an die heiligen Affen in Benares erinnert wird, welche, im Bewusstsein ihrer Heiligkeit und Unverletzlichkeit, sich Alles und Jedes erlaubt halten.

Anscheinend hatte der Junggeselle Schopenhauer seine Probleme mit selbstständigen Frauen. Er beschreibt die europäische Höflichkeit und den Respekt vor Frauen, den es augenscheinlich gab. Bis zum Ersten Weltkrieg gab es viel weniger Gelegenheiten, bei denen sich nur Herren trafen, als solche, zu denen Herren und Damen gemeinsam gingen.

Ganz anders ist dies in der islamitischen Kultur. Der Abend, an dem sich ausschließlich die Männer rund um den Scheich versammeln, ist der Höhepunkt sozialer Aktivität. Im Europa des 21. Jahrhunderts stehen die Türen offen für Frauen, die Leitung ausüben wie eine wahre Dame. Diese Offenheit ist aus einer 2 000 Jahre alten Kultur gewachsen.

In diesem Abschnitt versuchen wir, dahinterzukommen, wie man als Mensch im Respekt anderen gegenüber wachsen kann. Hier möchte ich besonders Sie, die Frauen, ansprechen: Wie können Sie als Frau eine Dame werden, eine »Lady«? Vielleicht hilft es, wenn wir versuchen, eine Dame zu beschreiben. Das ist eine ordentliche Herausforderung für mich als Mann.

In dieser Beschreibung denke ich an biblische Frauen, an echte Ladys aus der Geschichte sowie an echte Damen, die ich in verschiedensten Kulturen kennenlernen durfte. Mit etwas dichterischer Freiheit versuche ich, meine Beobachtungen zu bündeln. Natürlich sind alle Damen einzigartig und niemals unter einen Hut zu bringen – und nicht zu vereinheitlichen.

Eine Dame ist …

- … sie selbst und genießt es, sie selbst sein zu dürfen.
- … frei, das Leben zu genießen, bei Erfolg oder Misserfolg: Sie kann reich sein ohne Angeberei. Sie kann arm sein mit erhobenem Haupt.
- … eine Frau, die ihre Lebenserfahrung ins rechte Licht rücken, Erfolg genießen, Fehler eingestehen und Verantwortung übernehmen kann.
- … eine Frau, die ihrem Leben Richtung gibt und ein Orientierungspunkt für Suchende ist.
- … eine Frau, die Brücken schlägt zwischen Mann und Frau, Arm und Reich, Schwach und Stark, zwischen verschiedenen Kulturen und zwischen Jung und Alt.
- … eine Frau, die das Abenteuer liebt, es aber gerne mitsteuert. Sie lebt leidenschaftlich, weil sie eine einzigartige Berufung hat.
- … eine Frau, die klar und elegant kommuniziert, in Wort und Tat, in Kleidung und Handschrift. Sie äußert sich deutlich und überzeugend, aber niemals grell, als müsste sie sich selbst noch überzeugen. Sie ist bereits überzeugt und hat ihre eigene Meinung.

Die Kleidung einer Dame unterstreicht ihre Fraulichkeit, ohne sie übertrieben zur Schau zu stellen. Eine Dame hat ihren eigenen Stil und einen gut geschulten ästhetischen Blick, mit dem sie ihren Stil kreativ umsetzt. Die wenigen Accessoires (Schmuck, Handtasche, Aktentasche, Hut, Brille) sind geschmackvoll und von guter Qualität.

Zusammenfassend kann man sagen: Eine Lady erkennen Sie sofort an ihrer Ausstrahlung, die durch ihre elegante Erscheinung betont wird.

Wie können Sie als Frau in Ihrer Berufung als Dame wachsen? Hier ein paar Ideen zur Anregung, die man auch auf uns Männer übertragen kann, deren Berufung es ist, »Herr« oder »Gentleman« zu werden (siehe Abschnitt 3.1.8).

Wie werde ich eine Dame/»Lady«?	**Wie werde ich ein Herr/»Gentleman«?**
1. Entdecken Sie Ihr Frausein in allen Facetten und nehmen Sie es an: ▶ geistlich ▶ mit Ihrem Verstand ▶ emotional ▶ leiblich	1. Entdecken Sie Ihr Mannsein in allen Facetten und nehmen Sie es an: ▶ geistlich ▶ mit Ihrem Verstand ▶ emotional ▶ leiblich
2. Entdecken Sie die weibliche Seite Gottes.	2. Entdecken Sie die männliche Seite Gottes.
3. Suchen Sie sich eine Dame als Mentorin.	3. Suchen Sie sich einen Herrn als Mentor.
4. Schließen Sie Freundschaften mit »Damen in spe«.	4. Schließen Sie Freundschaften mit »Herren in spe«.
5. Vertiefen Sie sich in die Lebensgeschichte echter »Ladys«.	5. Vertiefen Sie sich in die Lebensgeschichte echter »Gentlemen«.

6. Trauen Sie sich, Ihre einzigartige Berufung zu bejahen.
   Bringen Sie mit Freude und Eifer Ihre Talente zu meisterlicher Entfaltung.
7. Übernehmen Sie als Führungskraft die Verantwortung für Ihren Auftrag, Ihre Mitarbeiter, Ihren Einflussbereich und Ihre Kunden. Wagen Sie es, dienend zu herrschen.

Vor Kurzem schaute ich mir den beeindruckenden Film über die letzten Tage der Sophie Scholl an. 1943 war sie mit ihren 22 Jahren eine echte Dame. Gemeinsam mit ihrem Bruder Hans leitete sie die Widerstandsgruppe »Die Weiße Rose« und musste dafür ihr Leben lassen. Ihr »Damesein« kam vor allem in ihrer Vaterlandsliebe und in ihrem Mut zum Ausdruck, mit dem sie ihren Überzeugungen bis zum Ende treu blieb.

Der Film dokumentiert eindrucksvoll die Verhöre, die sie über sich ergehen lassen musste und in denen sie so wachsam blieb. Viele Male hatte sie die Chance, der Todesstrafe zu entrinnen. Sie hätte sich und die anderen verraten können, aber sie weigerte sich konsequent. Sie entschied sich für ein Leben in Ehre und mit reinem Gewissen! Kurz vor ihrer Exekution durfte sie noch eine Minute mit ihren Eltern sprechen.

Ihr Vater brachte in diesem kurzen Moment zum Ausdruck, was sie ihrer Tochter in der Erziehung mitgegeben hatten und was dazu beigetragen hatte, dass sie die Person geworden war, die sie war: »Sophie, deine Mutter und ich sind stolz auf dich! Jesus geht mit dir!« Als Sophie einige Sekunden später ihren Kopf unter die Guillotine legte, strahlte sie, und ich sah den Glanz einer echten Dame auf ihrem Gesicht. Das Licht ging aus und das Fallbeil fiel!

Kurz darauf wurden ihre Briefe nach Schweden geschmuggelt. Dort wurden sie in einer Millionenauflage gedruckt und über ganz Deutschland abgeworfen. Das Leben dieser jungen Dame hatte eine unglaubliche Bedeutung für viele Landsleute und andere Europäer bekommen.

3.1.8 Ein Herr sein

(Paul Donders:) Mein Vater war ein echter Herr. Er wurde 1890 als zweiter Sohn in einer Familie von später elf Kindern geboren. Sein Vater hatte eine Textilfabrik und arbeitete hart, um allen elf Kindern die Möglichkeit zum Studium bieten zu können. Ferien gab es zu dieser Zeit nicht, aber er nahm abwechselnd einen seiner Söhne für ein Wochenende mit nach Brüssel. Mein Vater hätte sehr gerne die Firma seines Vaters übernommen, aber das war traditionsgemäß dem ältesten Sohn vorbehalten. Deshalb entschloss sich mein Vater, Medizin zu studieren. Er promovierte 1914 und eröffnete eine Hausarztpraxis. Später spezialisierte er sich, wurde der erste Augenarzt der Provinz Limburg und operierte gemeinsam mit Pieter Zeeman.

Er war Arzt mit Leib und Seele. Es war für ihn eine Ehre, eine Lebensform, in der er seinen großen Respekt gegenüber jedem Menschen zum

Ausdruck bringen konnte. Als in den sechziger Jahren ein weiterer Augenarzt nach Venlo kam, musste dieser sich natürlich bei meinem Vater vorstellen. Unter anderem fiel die Frage, wie hoch sein Honorar für eine Beratung war. Mein Vater stellte zweieinhalb Gulden (damals etwa zwei DM) in Rechnung, während der neue Kollege 17 Gulden verlangen wollte. Das ärgerte ihn sehr, und sie kamen nach einer langen Diskussion überein, siebeneinhalb Gulden zu verlangen. Für meinen Vater brach damit eine Welt von Ehre und Respekt zusammen. Der neue Augenarzt sah sich schon am Hungertuch nagen.

Als die erste Frau meines Vaters starb und er meine Mutter heiratete, zeugte er als »gestandener Herr« im Alter von 65 und 70 Jahren noch drei Kinder, für die er nicht nur dankbar, sondern auf die er auch sehr stolz war. Selbstverständlich arbeitete er bis zu seinem 75. Lebensjahr als Augenarzt und war in der ganzen Umgebung beliebt. Ich weiß noch, wie ich als Zwölfjähriger mit ihm durch die Stadt lief – er war damals 77, sonnengebräunt und mit nach hinten gekämmtem halblangem weißem Haar. Fast jeder begrüßte ihn: »Guten Tag, Doktor Donders.« Das war einerseits geradezu selbstverständlich, weil damals fast jeder Brillenträger in Nord-Limburg seine Brille von meinem Vater verschrieben und angepasst bekommen hatte. Aber aus der Art, wie man dieses »Guten Tag, Doktor Donders« aussprach, klang Respekt und das Gefühl, dass sie sich geschätzt wussten.

Natürlich war mein Vater ein normaler Mann mit Höhen und Tiefen, aber insgesamt war er ein im Leben gereifter Herr! Das zeigte sich unter anderem auch in der Liebe zu seinem Fach. Auf dem Weg »Lehrling – Geselle – Meister – Künstler« war er inzwischen ein Künstler in seinem Beruf geworden. Er war bei den Professoren der Augenheilkunde bekannt als exzellenter Chirurg und konnte sogar an den Augen seiner Patienten sehen, ob sie noch andere Beschwerden hatten.

An den veschiedenen Beispielen echter Gentlemen, die ich bisher kennengelernt habe, wurde mir deutlich, dass es dabei auch um einen Reifungsprozess geht. Sie werden als Junge geboren und reifen zum Mann heran. Ein gesunder Mann zu werden (in Geist, Seele, Leib), ist die eine Sache. Aber ein Herr zu werden, ist eine echte Herausforderung. Und doch brauchen wir hier in Europa viele zehntausende Herren, die mit einem hohen Maß an Selbstrespekt und Respekt vor anderen Verantwortung übernehmen, um an gesunden Schulen, Krankenhäusern, Firmen, Theatern, Geschäften, politischen Parteien, also an einer gesunden Gesellschaft zu bauen.

Lassen Sie mich versuchen, hier zu skizzieren, was einen Mann zu einem Herrn, einem »Gentleman«, macht:

Ein Herr ...

- ... ist gern Mann! Er liebt das Abenteuer. Er erobert sein Land. Er sucht und findet seine Prinzessin. In seinem Buch »Der ungezähmte Mann« beschreibt John Eldredge, allerdings aus amerikanischer Sicht, den Mann auf einfache und herausfordernde Weise. Männer brauchen Männer, die sie herausfordern, in ihrem Mannsein zu wachsen. Und dann auch mit Freuden Mann zu sein. Da geht es nicht um Bierbauch, Chips und Fernsehen. Hier geht es um einen Mann, der das Abenteuer liebt, Herausforderungen annimmt, seine Angst überwindet, seinen Platz einnimmt, Widrigkeiten standhält und Verantwortung übernimmt.
- ... hat ein gesundes Selbstbewusstsein: Er stellt seine Schwächen unter die Disziplin und die Gnade Gottes. Seine starken Seiten trainiert er, um sie in den Dienst an anderen zu stellen.
- ... ist positiv unabhängig und hat genug Selbstvertrauen.
- ... kann die Einsamkeit genießen, er kann eins sein, bei sich sein. Kontemplation als Teil seines Lebensstils gibt ihm Authentizität und Autorität.
- ... ist großherzig. Er hat ein weites Herz, in dem viele Menschen Platz finden. Dabei ist er großzügig und teilt sein Habe gern mit anderen. Er kontrolliert nicht, sondern weckt Vertrauen. Aber er lässt sich nicht für dumm verkaufen, sondern hat ein feines Gespür dafür, ob jemand verlässlich ist oder nicht.
- ... ist immer Beschützer der Schwachen. Er hat es nicht nötig, damit anzugeben.

- … hat einen Blick für Schönes. Er erkennt, was wahre Kunst ist, und sucht immer Stil und Qualität, ohne davon abhängig zu sein. Dieses Feingefühl muss geschult werden. Den Unterschied sieht man schnell bei Männern, die Geld haben und versuchen, ihr Gentleman-Image zu erkaufen mit Autos, Kleidung, Uhren, Häusern, Einrichtung oder sogar Freunden. Diese Jungs erwecken Mitleid – weil Respekt nicht käuflich ist. Oft tun sie sich mit anderen Egozentriken zusammen und bauen ihre kleine leere Welt. Leer an Inhalt, weil es die Suche nach Bestätigung an verkehrter Stelle ist.
- … hat seinen eigenen Modestil entwickelt, der unabhängig ist von Trends. Er ist elegant in Wort und Tat, in Kleidung, in der Einrichtung seines Hauses und Büros und in seiner Handschrift.
- … kann durchaus auch einen leichten Tick haben, ein paar Schrullen oder Eigenarten, die er sich gönnt. Diese verleihen ihm eine freundliche Ausstrahlung und machen ihn zu einem echten Gentleman statt zu einer perfektionistischen Marionette, die ausschließlich die gängigen Benimmregeln verkörpert.
- … ist selten in Eile! Hektik ist der Feind der Würde. Vor allem dieser Punkt macht mir Mühe. In einer hektischen Welt ist es sehr leicht, auch selbst gestresst zu werden. Und gerade dann aus der Ruhe heraus zu denken und zu arbeiten, ist eine echte Herausforderung unserer Zeit.

3.2 Lernen

Thomas Edison fing als kleiner Forscher an, als er neun Jahre war. Er hatte das Glück, einen Vater zu haben, der alle seine Erfindungen anschaute und ihm Mut machte. Konstruktive Rückmeldungen gab dieser ihm nicht nur am Anfang, sondern 20 Jahre lang. Als Thomas Edison nach 20 Jahren und 10 000 Versuchen die Glühbirne erfand, war das eine bahnbrechende Entdeckung. Aber stellen Sie sich einmal vor: 10 000 Versuche! Wie viele Misserfolge hatte es gegeben! Auf jeden Fall genug, um das Forschen schnellstmöglich aufzugeben. Thomas Edison gab aber nicht auf. Warum nicht?

- Weil er enorm lernwillig war.
- Weil er die Tugend der Disziplin und des Fleißes erlernt hatte.
- Weil er einen Mentor hatte, der ihm regelmäßig konstruktive Rückmeldungen gab.
- Weil er durch die vielen Versuche mittlerweile vom Forscher-Lehrling zum professionellen Forscher und dann zum Meister in Sachen Forschung geworden war.
- Weil er offensichtlich ein Paket an Fähigkeiten hatte, das ihm ermöglichte, auf seinem Gebiet zu wachsen.

In diesem Kapitel will ich (Paul Donders) Sie ermutigen, eines der vier Auftragsfelder zu entdecken. Entwickeln Sie Ihren eigenen Stil, um durch optimales Training in Ihre persönliche und fachliche Berufung hineinzuwachsen. Das geschieht in vier Schritten:

1. Lernwillig werden
2. Wachsen in Ihren Fachkompetenzen
3. Tugenden erlernen
4. Ihr persönliches Trainingsprogramm erstellen

3.2.1 Lernwillig werden

Menschen die aus ihrer Begabung etwas von bleibendem Wert entwickeln, erweisen sich immer als lernwillig. Meine (Paul Donders') Definition von Lernwilligkeit lautet so:

Lernwilligkeit ist die Bereitschaft und die Fähigkeit, ständig Neues zu entdecken und dies in vorhandenes Wissen zu integrieren.
Zur Lernwilligkeit gehört auch eine gewisse Bescheidenheit.
Sie lässt uns begreifen, dass ein Mensch die Wahrheit immer nur stückweise erfasst und dass wir andere Menschen und ihre Einsichten dazu brauchen, um das ganze Spektrum der Wirklichkeit zu ergründen.

Es gibt mehrere Gründe, warum Lernwilligkeit so wichtig ist:

1. Sie trainieren Ihr Gehirn, das wie ein Muskel täglich Bewegung braucht, um nicht einzurosten. Ein frischer Verstand ist notwendig, um sowohl Kompetenzen als auch Tugenden zu entwickeln.
2. Lernwilligkeit ist die Grundlage für Innovation und strategisches Denken. Beides brauchen Sie, um in Ihrem Fach ein echter Profi zu werden.
3. Sie brauchen Lernwilligkeit, um mit Veränderungsprozessen zurechtzukommen. Ein klarer Verstand und eine offene Haltung helfen dabei, die Chancen, aber auch die Gefahren von Veränderungen zu entdecken und das Beste daraus zu machen.
4. Durch Lernwilligkeit bleiben Sie bescheiden und erhalten sich somit die Tugend, von anderen zu lernen und ihnen eine entsprechende Wertschätzung entgegenzubringen. Das ist ein Schlüssel zum Aufbau wertvoller Beziehungen.
5. Lernbereitschaft geht einher mit Dankbarkeit, und Dankbarkeit öffnet uns wiederum die Augen für die Wunder dieser Welt.

Ein Mangel an Lernwilligkeit hat Folgen, und zwar negative Folgen, zum Beispiel diese:

1. Wer nicht lernwillig ist, kann – wie ein sturer Bock – dauerhaft in die falsche Richtung laufen.
2. Wer nicht lernwillig ist, neigt dazu, um seine eigenen Ideen zu kreisen. Diese Ideen können zu Wahnvorstellungen werden und neurotisches Verhalten zur Folge haben.
3. Wer nicht lernwillig ist, verliebt sich schnell in seine eigenen Ideen und Vorstellungen und entwickelt ein narzisstisches Verhalten.
   Für die Außenwelt ist das so abstoßend, dass sie den betreffenden Menschen am liebsten meidet.
4. Wer nicht lernwillig ist, wird die Grenzen seiner eigenen Gehirnwindungen nie überwinden. Dadurch wird das Gehirn zu wenig in Anspruch genommen und die Hirnleistung schrumpft mit der Zeit.

Darf ich Sie einladen, auf Ihrer Berufungsreise die Tugend der Lernwilligkeit zu entfalten?

3.2.2 Die eigenen Fachkompetenzen erweitern

Auf der Grundlage der Tugenden Lernwilligkeit, Fleiß, Gestaltungswille und Dienstbarkeit können Sie jetzt mit offenem Visier durch die Welt gehen und daran wachsen. Trainieren Sie Ihre Kerntalente und entwickeln Sie sie weiter. In der folgenden Grafik sind die klassischen Wachstumsstufen dargestellt, wodurch ein Mensch vom Lernenden zum Profi, vom Profi zum Meister und letztlich sogar zum Künstler werden kann.

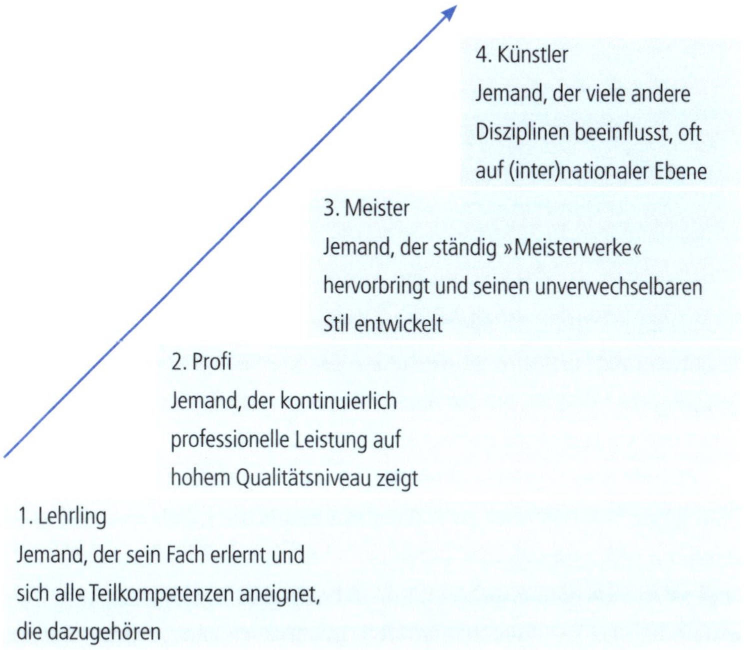

Bild 3.3 Stufe für Stufe vom Lehrling zum Künstler

Ein bemerkenswertes Buch ist »Outliers. The Story of Success« (Aufsteiger. Die Geschichte des Erfolgs) von Malcolm Gladwell. Laut diesem Buch belegen Hunderte von Untersuchungen, dass Menschen nie automatisch zum Meister ihres Fachs werden. Bei den meisten Menschen, die in ihrem Leben die 3. Stufe (Meister) erreicht haben oder sogar die 4. Stufe (Künstler) erklommen haben (wie etwa Rembrandt, Mozart, Bach, die Beatles, Bill Gates, Steve Jobs), waren vier Grundelemente für ihr Wachstum verantwortlich:

- Begabung: Sie waren begabt, entdeckten diese Begabung und konzentrierten sich darauf.
- Gnade: Sie wurden zur rechten Zeit geboren, hinein in eine förderliche Umgebung. Und sie trafen auf Menschen, die für sie wichtig waren.
  Diese Chancen haben sie entdeckt, wahrgenommen und genutzt.

- Mentoren: All diese »Meister« oder »Künstler« haben auf ihrer Lernreise Mentoren gefunden und diese auch aktiv gebeten, sie zu fördern und zu fordern.
- Übung: 10 000 Übungsstunden kostet es in der Regel, um ein Fach so zu beherrschen, dass die Kopf-Herz-Hand-Koordination optimal entwickelt ist. Nur damit ist es möglich, kontinuierlich Meisterstücke hervorzubringen.

Grundvoraussetzung für alle diese vier Wachstumselemente ist die Eigenverantwortung. Gemeint ist die bewusste, geschulte, aktive Haltung von Disziplin, die nötig ist, um die eigene Begabung zu entdecken, sie zu entfalten und sie zum Wohl der Gesellschaft einzusetzen.

Warum erreichen im reichen Westen relativ wenige Menschen das Niveau eines Meisters oder auch nur das eines Profis? Zum Teil, weil viele verwöhnt sind und glauben, bereits ein Profi in ihrem Fach zu sein, während sie gerade einmal auf der Stufe des Lehrlings dahindümpeln und allenfalls halbwegs zufriedenstellende Ergebnisse erzielen. Viele sind mehr damit beschäftigt, Geld für ihre mittelmäßige Leistung einzufordern, als sich um das Wachstum ihrer persönlichen Begabungen zu kümmern.

Um ein persönliches Trainingsprogramm zu erstellen, muss ich ...

- ... entscheiden, was meine drei stärksten Kompetenzen oder größten Begabungen sind. Denn um ein Profi in einem Fach zu werden, ist sehr viel Zeit nötig. Das Leben ist zu kurz, um in zehn oder noch mehr Bereichen zum Profi oder gar zum Meister zu werden. Also muss ich mich auf die aussichtsreichsten Begabungen fokussieren.
- ... die jeweilige Entwicklungsstufe (Lehrling, Profi, Meister, Künstler) bei meinen drei stärksten Kompetenzen feststellen. Nur so kann ich planen, was zu tun ist, um die nächste Entwicklungsstufe zu erklimmen.

Im folgenden Schema können Sie sowohl Ihre drei stärksten Kompetenzen eintragen als auch eine Einschätzung vornehmen, wie weit Sie in Ihrer

Entwicklung sind. Wichtig ist dabei, einige vertrauenswürdige Menschen zu befragen, wo diese Sie einstufen würden. Tragen Sie außerdem einige Beispiele von Meistern oder Künstlern im jeweiligen Fach ein, die Sie inspirieren, Ihr persönliches Trainingsprogramm möglichst konkret festzulegen. Folgendermaßen könnte ein solches Schema aussehen:

A = eigene Einschätzung **B** = Peter K. **C** = Susanne B. **D** = Richard L.	**Lehrling** ▸ lernwillig ▸ fachlich im Dauertraining ▸ kultiviert seine Begabung	**Profi** ▸ liefert dauerhaft hohe Qualität ▸ entwickelt eigenen Stil ▸ kann gut leben von seiner Arbeit	**Meister** ▸ bringt ständig neue Meisterwerke hervor ▸ hat einen unverwechselbaren eigenen Stil ▸ ist Vorbild in seinem Fach	**Künstler** ▸ ist Ikone in seinem Fach ▸ beeinflusst die Gesellschaft (inter)national ▸ setzt neue Meilensteine
Trainingsstunden		5 000	10 000	15 000
1. Unterrichten			Manfred Lütz	
▸ präsentieren	A	B		Romano Guardini
▸ inspirieren		C		
▸ pädagogisch coachen		D	Viktor Frankl	
▸ Konzepte entwickeln				
2. Krankenpflege		A	Peter Müller	
▸ Menschen behandeln		B		
▸ Krankheitsprozesse durchschauen		C	Johannes Karls	Hildegard v. Bingen
▸ trösten		D		Mutter Teresa
▸ analysieren				
3. Schreiben				John Grisham
▸ kreativ denken	A B		Anselm Grün	
▸ Konzepte entwickeln		C	Gertrud Höhler	John Henry Newman
▸ mit Wörtern Bilder malen	D			
▸ Geschichten aufbauen				

So weit das Beispielschema. Jetzt geht es darum, dass Sie das folgende noch leere Schema für sich ausfüllen:

	Lehrling	**Profi**	**Meister**	**Künstler**
A = eigene Einschätzung **B** = **C** = **D** =	▸ lernwillig ▸ fachlich im Dauertraining ▸ kultiviert seine Begabung	▸ liefert dauerhaft hohe Qualität ▸ entwickelt eigenen Stil ▸ kann gut leben von seiner Arbeit	▸ bringt ständig neue Meisterwerke hervor ▸ hat einen unverwechselbaren eigenen Stil ▸ ist Vorbild in seinem Fach	▸ ist Ikone in seinem Fach ▸ beeinflusst die Gesellschaft (inter)national ▸ setzt neue Meilensteine
Trainingsstunden		5 000	10 000	15 000

3.2.3 Tugenden erlernen

In meiner Coachingspraxis begegne ich (Paul Donders) vielen besonderen und begabten Menschen. Vielfach haben sie am Anfang ihrer Karriere ihr Begabungspaket entdeckt, und sie haben die weise Entscheidung getroffen, sich auf zwei bis drei ihrer Top-Talente zu konzentrieren. Im Laufe der Jahre haben sie diese Talente dann weiterentwickelt, was wesentlich zum Erfolg dieser Menschen beigetragen hat.

Zugleich jedoch kämpfen diese erfolgreichen Männer und Frauen nicht selten mit Frust. Oft wird dieser Frust durch verschiedenste Charakterschwächen oder Untugenden ausgelöst.

Ein Beispiel: Ein Abteilungsleiter kann exzellent organisieren, ärgert sich aber ständig über seine »blöden Mitarbeiter«, die zu dumm sind, ihre Arbeit anständig zu erledigen. Hier spielen Hochmut, Ungeduld, fehlende Vergebungsbereitschaft, Unbarmherzigkeit und Unbelehrbarkeit eine so starke Rolle, dass der Betreffende mit seinem Organisationstalent alles allein und ohne Team erledigen muss. Letztendlich erreicht er dadurch nur 20 Prozent des Erfolgs, der möglich gewesen wäre. Seine Untugenden verhindern also, dass seine Begabung bestmöglich zum Einsatz kommt.
Um in Ihren Begabungen zu wachsen, brauchen Sie neben Fleiß und Talent folglich auch einen guten Charakter – und somit sind wir bei den Tugenden.

Tugenden in Philosophie und Christentum

Seit der Mensch denken kann, ist er auf der Suche nach dem besten Weg, gesund und glücklich zu leben. Vor allem in der jüdischen und griechischen Kultur ist dieses Denken stark entwickelt. Die Griechen gebrauchten ihr Wort für Tugend, ἀρετή, um damit das Wesen einer edlen und wohlgebildeten Person zu beschreiben. Zugleich bedeutete dieser Begriff eine gewisse Einheit im Leben, die zum eigenen Glück und zum Glück der Gemeinschaft führt.

Der griechische Philosoph Platon nennt in seiner Schrift »Politeia« (Der Staat) vier Kardinaltugenden:

- Weisheit
- Tapferkeit
- Gerechtigkeit
- Mäßigung

Die Römer gebrauchten den Begriff »virtus«, um damit die Standhaftigkeit eines Menschen zu umschreiben, der seinen Platz in Staat und Leben einnimmt: Ein Mensch mit einem starken Charakter, der wie ein Fels in der Brandung allen Widrigkeiten standhält. Der Römer Cicero beschreibt in seiner philosophischen Abhandlung »De finibus bonorum et malorum« (Über das höchste Gut und Übel) dieselben vier Kardinaltugenden wie Platon.

Der Ausdruck »Fels in der Brandung« erinnert auch an das Gleichnis im Matthäusevangelium, in dem Jesus sagt:

Wer diese meine Worte hört und danach handelt, ist wie ein kluger Mann, der sein Haus auf Fels baute. Als nun ein Wolkenbruch kam und die Wassermassen heranfluteten, als die Stürme tobten und an dem Haus rüttelten, da stürzte es nicht ein; denn es war auf Fels gebaut. Wer aber meine Worte hört und nicht danach handelt, ist wie ein unvernünftiger Mann, der sein Haus auf Sand baute. Als nun ein Wolkenbruch kam und die Wassermassen heranfluteten, als die Stürme tobten und an dem Haus rüttelten, da stürzte es ein und wurde völlig zerstört.

(Matthäus 7,24 ff.)

Jesus beschreibt also im Grunde zwei Arten von Menschen:

1. **Charakterstarke Menschen:** Menschen, die nicht nur hören, sondern auch handeln. Das sind Menschen, die integer sind. Sie bauen auf einen festen Felsen und ihr Haus hat Bestand mitten in allen Stürmen.

2. **Charakterschwache Menschen:** Menschen, die zwar hören, aber keine Lust haben, daraus Konsequenzen zu ziehen. Diese Menschen bauen ihr Haus auf Sand; das Fundament wird weggespült, sobald sie auf Widerstand treffen.

Der Apostel Paulus schrieb an die Christen in Galatien: »Wenn wir aus dem Geist [Gottes] leben, dann wollen wir dem Geist auch folgen.« (Galater 5,25) Er führt einige Tugenden an, die demnach etwas von Gottes Charakter widerspiegeln, die sogenannten Früchte des Geistes:

- Liebe
- Freude
- Friede
- Langmut
- Freundlichkeit
- Güte
- Treue
- Sanftmut
- Selbstbeherrschung

Im ersten Brief an die Korinther stellt Paulus über alle anderen Tugenden drei göttliche, nämlich Glaube, Hoffnung und Liebe. Von diesen dreien ist die Liebe die wichtigste. Eine Tugend können Sie sich vorstellen wie ein

Paket. Die jeweilige Tugend kann nur zur Geltung kommen, wenn auch Liebe in diesem Paket steckt.

»Und wenn ich meine ganze Habe verschenkte und wenn ich meinen Leib dem Feuer übergäbe, hätte aber die Liebe nicht, nützte es mir nichts.« (1. Korinther 13,3) Die drei göttlichen Tugenden (Glaube, Hoffnung, Liebe) bilden die Grundlage, auf der die vier Kardinaltugenden (Weisheit, Tapferkeit, Gerechtigkeit, Mäßigung) aufbauen. Jede Kardinaltugend ist wiederum die Basis für viele andere Tugenden.

Die bekanntesten Tugenden

In der nächsten Übersicht finden Sie eine Auflistung der bekanntesten Tugenden. Einige Tugenden könnte man den drei göttlichen oder den vier Kardinaltugenden zuordnen. Romano Guardini gibt in seinem Buch »Tugenden. Meditationen über Gestalten sittlichen Lebens« folgende Definition:

Die Tugend ist ein bestimmter sittlicher Wert. Es ist eine dominante ethische Kraft, die die Motivationen, die Kräfte, das Handeln und das Sein des Menschen zu einer charakteristischen Einheit zusammenfasst.
Eine bestimmte Tugend kann angeboren sein. In diesem Fall entsteht wie von selbst eine typische Charaktereigenschaft, aber es ist sehr wohl wichtig, dass die betreffende Tugend sich entwickelt und zu einer ausgewogenen Haltung führt. Es kann auch eine bewusste Entscheidung sein, eine bestimmte Tugend durch regelmäßige und dauerhafte Einübung zu entwickeln. Auch diese Tugend kann zu einer selbstverständlichen Eigenschaft dieser Person heranwachsen, aber dennoch bleibt die Gefahr größer, dass sie sich wieder abschwächt.

Göttliche Tugenden	
Liebe	▶ Annahme ▶ Freundlichkeit ▶ Barmherzigkeit ▶ Leidenschaftlichkeit ▶ Hingabe ▶ Entgegenkommen
Hoffnung	▶ Dankbarkeit ▶ Humor ▶ Vergebungsbereitschaft ▶ Lebensgenuss ▶ Gnade
Glaube	▶ Visionäres Denken ▶ Kreativität ▶ Spiritualität ▶ Intuition

Kardinaltugenden	
Weisheit	▶ Einsicht ▶ Lernbereitschaft ▶ Vorsicht ▶ Weitsicht ▶ Leiterschaft ▶ Bereitschaft zum Zuhören
Gerechtigkeit	▶ Wahrhaftigkeit ▶ Treue ▶ Echtheit ▶ Höflichkeit

Tapferkeit	▶ Großherzigkeit ▶ Mut ▶ Geduld ▶ Ausdauer ▶ Standhaftigkeit ▶ Durchsetzungsvermögen
Maßhalten	▶ Bescheidenheit ▶ Selbstdisziplin ▶ Demut ▶ Nüchternheit ▶ Schweigsamkeit ▶ Ordnung ▶ Keuschheit ▶ Mäßigung

Zusammenfassend lässt sich sagen:

- Tugenden sind gelebte Werte.
- Tugenden sind angeboren oder angelernt. Sie können sich in beiden Fällen zu ethisch wertvollen Charaktereigenschaften entwickeln.
- Die Grundwerte unserer europäischen Kultur sind die Inkarnation der drei göttlichen und der vier Kardinaltugenden.
- Charaktertraining bedeutet immer auch die Entfaltung der verschiedenen Tugenden.
- Jesus Christus hat diese Tugenden vorgelebt und fordert uns heraus, es ihm gleichzutun. Er verschafft uns dazu eine gute Ausgangsposition, denn er bietet uns Versöhnung für unsere Untugenden an und stellt uns mit dem Heiligen Geist einen Mentor zur Seite.

Das richtige Maß finden

Zum Abschluss der Erläuterung des Begriffs Tugend erscheint uns ein Aspekt noch besonders wichtig: Jede Tugend kann zur Untugend werden, wenn wir nicht lernen, stets wieder das richtige Maß zu finden. Man kann die Tugend mit einem Schiebeschalter vergleichen: In der Mitte geht das Licht an, rechts oder links geht das Licht aus.

Untugend Unterlassen	**Tugend** Die Mitte	**Untugend** Übertreiben
▶ Ungerechtigkeit	▶ Gerechtigkeit	▶ Gesetzlichkeit
▶ Geiz	▶ Freigiebigkeit	▶ Verschwendung
▶ Abhängigkeit	▶ Selbstdisziplin	▶ Zwanghaftigkeit
▶ Feigheit	▶ Tapferkeit	▶ Waghalsigkeit

Jede Tugend muss also erlernt und »geführt« werden, damit sie nicht unterlassen oder übertrieben wird. Denn eine Tugend, die im Leben eines Menschen erblüht, hat das Potenzial, bei diesem Menschen und bei den Menschen in seiner Umgebung Leben zu wecken.

3.2.4 Trainingsprogramm für die eigenen Tugenden

Im Laufe dieses Kapitels ist deutlich geworden, dass ...

1. jeder Mensch einzigartig begabt ist,
2. diese Begabungen Trainingsstunden brauchen, um sich zu entfalten,
3. die einzelnen Begabungen durch Tugenden ergänzt werden müssen, damit der begabte Mensch sich nachhaltig gesund entwickelt,
4. wir nur begrenzte Zeit haben, um unser Begabungspaket zur Blüte zu bringen, und dass es darum notwendig ist, den Fokus auf die zwei bis drei stärksten Begabungen zu richten.

Wie beim Sport werden Sie also ein Trainingsprogramm brauchen, um mit der Zeit mehr und mehr in Ihren Begabungen zu wachsen.

Wenn Sie einen Arm brechen, was passiert dann? Wird nach sechs Wochen der Gips entfernt, stellen Sie fest, dass Ihr Arm sehr dünn geworden ist. Warum? – Etwa, weil Sie zu wenig gegessen haben? Nein, einzig und allein, weil Sie Ihren Armmuskel nicht bewegen konnten, ihn also nicht trainiert haben.

Ähnliches gilt für Ihr Gehirn. Ein dreiwöchiger Aufenthalt im Krankenhaus reduziert Ihre Denkleistung im Durchschnitt um 30 Prozent. Aber natürlich kann sie wieder aufgebaut werden, wenn Sie Ihr Gehirn später aufs Neue anstrengen.

Übertragen auf Ihr Begabungspaket bedeutet dies:

- Kein Training: Ihre Begabung sinkt auf Anfängerniveau ab.
- Wenig Training: Ihre Begabung bleibt auf dem Niveau, auf dem Sie jetzt sind.
- Aktives Training: Ihre Begabung entwickelt sich bis zur Fülle Ihres Potenzials.

Darum fordern wir Sie auf: Stellen Sie sich ein aktives Trainingsprogramm zusammen. Im folgenden Schema finden Sie ein Beispiel, wie ein solches Programm aussehen könnte.

Wie Sie sehen, brauchen Sie unbedingt einen Trainingspartner, der Ihnen beim Training hilft und Sie motiviert, Ihr Trainingsprogramm nachhaltig durchzuhalten und zum Erfolg zu führen. Im Fitnessbereich hat man festgestellt, dass 80 Prozent aller Menschen einen Trainingspartner brauchen, um ihr Fitnessprogramm nachhaltig umzusetzen. Suchen Sie sich also unbedingt einen oder zwei Menschen, mit denen Sie zusammen trainieren, oder mit denen Sie sich zumindest alle zwei Monate austauschen über Ihre Fragen und Fortschritte. Wir wünschen Ihnen viel Freude dabei, ein »Lernender« zu sein.

Mein Trainingsprogramm für das Jahr ...

Begabungspaket	Tugenden, die ich erlernen will	Projekte, die meine Begabung erfordern	Regelmäßige Trainingsübungen	Mentoren/ Vorbilder	Bücher/Magazine/ Filme
1. Unterrichten					
▸ Präsentieren	▸ Weisheit	▸ Seminar Kommunikation entwickeln	▸ 6 Trainingstage pro Monat durchführen	▸ Peter K.	▸ Naturliche Rhetorik Harry Holzheu
▸ Inspirieren	▸ Wahrhaftigkeit	▸	▸ Jeden Trainingstag schriftlich vorbereiten	▸ Benjamin Zender	▸ Transition Beltz Verlag
▸ Pädagogisch coachen	▸ Lernbereitschaft	▸ Kurs »Didaktik für Erwachsene« anbieten	▸	▸ Viktor Frankl	▸
▸ Konzepte entwickeln	▸ Dienstbarkeit	▸	▸ Jeden 3. Trainingstag auswerten	▸	▸

Begabungspaket	Tugenden, die ich erlernen will	Projekte, die meine Begabung erfordern	Regelmäßige Trainingsübungen	Mentoren/ Vorbilder	Bücher/Magazine/ Filme
2. Krankenpflege					
▸ Behandeln von Menschen	▸	▸	▸	▸	▸
▸ Einsicht in Krankheitsprozesse	▸	▸	▸	▸	▸
▸ Trösten	▸	▸	▸	▸	▸
▸ Analysieren	▸	▸	▸	▸	▸
3. Schreiben					
▸ Kreativ denken	▸	▸	▸	▸	▸
▸ Konzepte entwickeln	▸	▸	▸	▸	▸
▸ Mit Worten malen	▸	▸	▸	▸	▸
▸ Geschichten aufbauen	▸	▸	▸	▸	▸

Mein Trainingsprogramm für das Jahr ...

Begabungs-paket	Tugenden, die ich erlernen will	Projekte, die meine Begabung erfordern	Regelmäßige Trainingsübungen	Mentoren/ Vorbilder	Bücher/Magazine/ Filme
1.					
2.					
3.					

3.3 Gestalten

3.3.1 Ein Lebenswerk aufbauen

Wir Menschen sind zutiefst geprägt von der Fähigkeit, etwas zu gestalten. Von Natur aus will jeder Mensch etwas bauen. Manchmal passiert es jedoch, dass diese Begabung überdeckt wird von anderen Dingen. Dann sieht es aus, als wollte jemand überhaupt nicht bauen und nicht gestalterisch tätig werden. Aber sehen Sie sich Kinder an und Sie wissen, dass es stimmt: Wir Menschen tragen gewissermaßen ein Gestaltungsgen in uns. Wir wollen Sie dazu inspirieren, Ihre Gestaltungsfreude neu zu entdecken. Eines der schönsten Dinge, die wir aufbauen können, ist ein Lebenswerk. Das ist nicht nur ein kleines Projekt, wie ein Buch zu schreiben oder ein Team zu leiten. Ein Lebenswerk aufzubauen heißt vielmehr, dass ein großer Teil meiner Lebens- und Schaffensenergie in dieses Werk hineinfließt und dass sich der Erbauer anhand dieses Werkes identifizieren lässt.

Es geht also darum, verschiedenste Tätigkeiten zu einem größeren Werk zusammenzufügen. Dabei ist nicht die äußere Größe des Werkes entscheidend. Nicht jeder von uns ist dazu berufen, ein Großunternehmen aufzubauen oder Bundeskanzler(in) zu werden. Aber jeder von uns hat die Möglichkeit, sein eigenes Lebenswerk zu bauen.

Der Blick auf unser Lebenswerk, das wir gerade bauen, oder der Blick zurück auf die Lebenswerke, an denen wir einst (mit)gebaut haben, erfüllt unser Leben zutiefst mit Sinn. Wir dürfen erleben, dass wir unsere Lebensenergie in ein wertvolles Ganzes hineingeben oder -gegeben haben. Wir sehen, dass unser Wirken nicht nur punktuell sichtbar war, sondern als Ganzes. Wir haben das Gefühl, dass sich das Leben gelohnt hat.

Doch Lebenswerke sind niemals nur für uns allein da. In diesen Werken gehen wir ganz bewusst über unseren eigenen Rahmen hinaus und setzen unsere Kraft und Energie für die Gesellschaft, für die Umwelt oder für sonstige lohnende Ziele ein. Damit wird ein wichtiger Teil der Berufung ganz deutlich. Die eigene Berufung gilt immer auch den anderen. Die damit verbundene Hingabe ist gesund, denn die Sehnsucht, anderen zu dienen, tragen wir in uns.

Ich (Peter Essler) spürte die Kraft, so etwas wie ein Lebenswerk aufzubauen, zum ersten Mal als Jugendlicher. Damals kam ich als 15-Jähriger zu einer überregionalen kirchlichen Jugendinitiative, bei der ich mitarbeiten konnte. Ich war damals fasziniert, wie viele Gestaltungsmöglichkeiten es dort gab. Sehr zum Leidwesen meiner Eltern und der meisten Lehrer investierte ich im Laufe der folgenden fünf Jahre meine ganze Energie, Kraft und Zeit dort. Alles in mir war hochmotiviert, zusammen mit anderen in dieser Jugendarbeit etwas aufzubauen.

Der für die Jugendarbeit zuständige Pfarrer formulierte dies in einem Gespräch mit dem Bischof von Augsburg einmal so: »Es gibt hier ein paar Leute, die bereit sind, ihr letztes Hemd zu geben.« Wir dachten viel darüber nach, wie wir für die Gesellschaft etwas Gutes tun könnten.

Hier nur ein Beispiel von vielen verschiedenen Dingen, die wir in dieser Zeit auf die Beine stellten: Damals hatte sich in Polen gerade die neue Gewerkschaft Solidarnosc gegründet. Wir hatten dies aufmerksam beobachtet und waren auch in Sorge, dass das russische Militär in Polen einmarschieren könnte. Wir überlegten uns, wie wir da helfen könnten. Junge Menschen sind manchmal noch ein bisschen verrückt, und so kam uns die Idee, wir könnten doch den (polnischen) Papst Johannes Paul II. bitten, seine Autorität in dem Konfliktfall einzusetzen. Also schrieben wir ihm einen Brief und baten ihn um Hilfe. Wir erhielten sogar eine Antwort aus dem Vatikan.

Noch heute, viele Jahre später, bin ich stolz und froh, in Form dieser Jugendarbeit mein erstes Lebenswerk aufgebaut zu haben. Die Schwerpunkte dieses Erstlingswerkes waren, eine Gemeinschaft zu gründen und die Gesellschaft mitzuprägen. Auch wenn vieles nicht vollkommen war, so war es doch eine erste tiefe Erfahrung, etwas Größeres zu bauen.

Die Welt ein wenig besser machen

Lebenswerke entstehen aus dem Wunsch, die Welt ein wenig besser zu machen. Bei dieser Aufgabe sind wir lebendig. Unsere Schaffensenergie wird freigesetzt und kann Frucht hervorbringen.

Denken Sie nicht nur an einzelne Aufgaben. Denken Sie vielmehr darüber nach, wie das größere Ganze aussehen könnte. Das erfordert natürlich eine Fokussierung, denn unendlich viele Lebenswerke kann man in der Praxis gar nicht bauen. Indem Sie über Ihr Lebenswerk nachdenken, setzen Sie automatisch Prioritäten – was gut so ist.

Es gibt aber noch einen weiteren, sehr schönen Aspekt in einem Lebenswerk. Sie beginnen mit Ihrem Lebenswerk, leben und arbeiten dafür, doch das Ende ist oftmals offen. Das macht die Arbeit daran auch so faszinierend. Das Lebenswerk selbst entwickelt sich immer weiter und neue Möglichkeiten kommen hinzu. Oft tauchen sie erst beim Bauen auf.

Als ich (Peter Essler) ungefähr 35 Jahre alt war, begann ich zu spüren, dass die Förderung des Themas Berufung ein zentrales Lebenswerk für mich sein würde. Da gab es so manche Berfungserlebnisse, wie etwa folgendes:

Meine Frau und ich waren auf einer Hochzeitsfeier eingeladen. Die Braut hatte zwei Jahre zuvor ein längeres Praktikum bei mir gemacht. Ich hatte ihr damals geholfen, eine Perspektive für ihren weiteren Lebensweg zu finden. Wir blieben auch danach in regelmäßigem Austausch.

Nach der kirchlichen Trauung stellte das Brautpaar den Anwesenden viele einzelne Gäste vor, die in ihrem Leben eine Spur hinterlassen hatten. Sie sprachen über die Spuren und die damit verbundenen Lebenswerke dieser Menschen. Ich lauschte begeistert der bunten Vielfalt der angesprochenen Lebenswerke.

In diesem Zusammenhang wurde auch ich geehrt. Ich war schon auf vielen Festen, aber solch eine wertschätzende und würdigende Präsentation hatte ich noch nie erlebt. Doch ein Gedanke berührte mich zutiefst: Wenn ich mir eines dieser vielen wertvollen Lebenswerke für mein Leben hätte aussuchen dürfen, dann hätte ich wieder mein eigenes gewählt. Nichts bringt in mir so viel in Schwingung wie die Sehnsucht, dem Anliegen der Berufung zu dienen.

Und dann stelle ich mir vor, wie sich unser Land dadurch verändern könnte:

- Menschen, die begeistert sind, können mit ihrer Begeisterung andere inspirieren.
- Die Kosten für das Gesundheitswesen sinken, weil der Berufungsweg auch immer ein Gesundungsweg ist.
- Menschen helfen denen, die in unserer Gesellschaft arm, krank und schwach sind.
- Mitarbeiter und Führungskräfte gehen gerne zur Arbeit.
- ...

Mit 35 hatte ich darüber noch nicht nachgedacht. Da hätte ich mir nicht im Ansatz träumen lassen, einmal ein Buch über Berufung zu schreiben oder einen Kongress zu diesem Thema zu organisieren.

Doch genug von meiner Person – jetzt geht es um Sie! In den nächsten Schritten laden wir Sie ein, bewusst über die größeren Möglichkeiten nachzudenken. Lebenswerke kann man nicht so einfach planen wie eine Urlaubsreise. Aber wir brauchen visionäre Vorstellungen über die Zukunft, damit die Werke in uns wachsen können. Die folgenden drei Schritte bieten eine gute Möglichkeit, über Ihre Lebensgestaltung und Ihr(e) Lebenswerk(e) nachzudenken:

a. Kreative Reise
b. Klare Vision
c. Realisierbare Strategie

3.3.2 Eine kreative Reise

Die Grundlage für die kreative Reise bilden die verschiedenen Aspekte, die Sie bezüglich Ihrer Identität (Kapitel 2) schon gefunden haben:

- der rote Faden in Ihrer Geschichte
- Ihre Fähigkeiten und Persönlichkeitsstärken
- wichtige Umgebungsfaktoren
- die sechs Kernsätze über Ihre Werte und Ihr Familienwappen
- Ihr innerer Auftrag, Ihre Träume und Sehnsüchte

Jetzt kommt die künstlerische Aufgabe auf Sie zu, aus all diesen Puzzleteilen zumindest drei Zukunftsbilder zusammenzusetzen, das heißt zu malen. Warum nicht nur eines? Weil eine Vision zugleich Inspiration und Kreativität braucht. Indem Sie sich nicht gleich auf nur eine »richtige« Lösung konzentrieren, entdecken Sie wesentlich mehr Aspekte Ihres »inneren Auftrags«.

Dieser innere Auftrag zieht sich wie ein roter Faden durch Ihre Geschichte und durch Ihr Wesen. Er will in jeder Lebensphase neu entdeckt und in eine Lebensvision übersetzt werden.

Um also diesen roten Faden in Ihr Bewusstsein zu rufen, malen Sie jetzt drei Bilder von drei verschiedenen möglichen kreativen Reisen in Ihre Zukunft.

Meine drei kreativen Reisen in mein künftiges Berufsleben

	1. Szenario	2. Szenario	3. Szenario
0–5 Jahre			
5–10 Jahre			
10–15 Jahre			

Fangen Sie an in Ihrer Berufswelt. Was wären drei Szenarien, die Sie in den nächsten 15 Jahren entwickeln könnten? Eines dieser Szenarien kann Ihre heutige Berufssituation sein, wenn Sie sie optimal gemäß Ihren Fähigkeiten, Ihrer Persönlichkeit und Ihren Werten weiterentwickeln. In den beiden anderen Szenarien sollten Sie dann den Blick über den Tellerrand wagen.

Beschreiben Sie jedes Szenario wie drei Bilder. Wie sieht Ihr Berufsleben aus in fünf, in zehn, in 15 Jahren? Sie können das schriftlich festhalten, können sich aber auch mit Zeichnungen oder Kollagen von Bildern aus Zeitschriften bildlich ausdrücken.

Nachdem Sie die drei Szenarien für Ihr Berufsleben entwickelt haben, malen Sie sich auch Szenarien für Ihr Privatleben aus. Verwenden Sie auch hier Worte und Bilder.

Meine kreative Reise in mein künftiges Privatleben			
	Familie	Gesellschaftliches, kirchliches und/oder vereinsmäßiges Engagement	Freizeit, Hobbys, Freunde, Reisen
0–5 Jahre			
5–10 Jahre			
10–15 Jahre			

3.3.3 Die verschiedenen Szenarien bewerten

Nachdem Sie jetzt drei Berufsszenarien entwickelt und eine kreative Reise in Ihr künftiges Privatleben unternommen haben, kommt die spannende Frage: Welche Szenarien passen am besten zu Ihrer Identität und inneren Berufung? Hierzu bieten wir Ihnen im Folgenden zwei praxistaugliche Workshops an, um einen aussagekräftigen Vergleich anstellen zu können.

Workshop 1: Wie viele Ihrer Ressourcen (Fähigkeiten, Stärken, Umgebungsfaktoren, Werte ...) können Sie mehrmals wöchentlich einsetzen, und damit weiterentwickeln im jeweiligen Szenario?

a. Gehen Sie nacheinander für jedes Szenario folgendermaßen vor:
   Nehmen Sie die Pyramiden aus Kapitel 2.5 (Ressourcen) zur Hand. Markieren Sie mit einem Leuchtstift jedes Kästchen der Pyramide, das diejenigen Ihrer

Fähigkeiten, Stärken, Umgebungsfaktoren oder Kernsätze repräsentiert, die beim jeweiligen Szenario mehrmals in der Woche zum Einsatz kämen.

b. Suchen Sie dann die wichtigsten Stichworte aus Ihrer Biografie und dem Milieu (Kapitel 2.4), die Sie in diesem Szenario einsetzen können.

c. Das verschafft Ihnen einen Überblick, inwieweit Ihre Ressourcen in den drei Szenarien einsetzbar sind.

Workshop: Szenarien vergleichen

	Szenario 1 ▶ ▶ ▶	Szenario 2 ▶ ▶ ▶	Szenario 3 ▶ ▶ ▶
Fähigkeiten ▶ einsetzbar			
Persönlichkeits-stärken (DISG) ▶ einsetzbar			
Motivierende Umstände (DISG) ▶ einsetzbar			

Werte und Kernsätze ▶ einsetzbar			
Biografie: Was sind die drei wichtigsten Punkte, die einsetzbar sind?	▶ ▶ ▶	▶ ▶ ▶	▶ ▶ ▶
Milieu: Was sind die drei wichtigsten Punkte, die einsetzbar sind?	▶ ▶ ▶	▶ ▶ ▶	▶ ▶ ▶

Workshop 2: In einer zweiten Matrix erstellen Sie nun für jedes Szenario eine SWOT-Analyse. Die Abkürzung steht für Strengths, Weaknesses, Opportunities and Threats (Stärken, Schwächen, Chancen, Gefahren).

a. Starten Sie auch hier wieder mit Szenario 1 und fahren Sie dann mit Szenario 2 und 3 fort. Beschreiben Sie jeweils die Pluspunkte, Minuspunkte, Wachstumschancen und Risiken des jeweiligen Szenarios.
b. In dieser Phase der kreativen Reise ist es sinnvoll, ein oder zwei Menschen in den Entscheidungsprozess einzubeziehen. Was sagt beispielsweise Ihr Partner, eine Freundin, Ihr Mentor oder ein Kollege zu Ihrer SWOT-Analyse?
   Im Gespräch entwickeln Sie in der Regel weitere spannende und vor allem ergänzende Einsichten. Laden Sie Ihren Gesprächspartner zu einem guten Essen

ein und nehmen Sie ihn mit auf Ihre kreative Entdeckungsreise. Die jeweilige Person wird Sie besser kennenlernen, und Sie gewinnen neue Einsichten und haben neue Ideen, um Ihre Zukunftspläne noch mehr zu verbessern.

Workshop: SWOT-Anlayse für die einzelnen Szenarien

	Szenario 1	Szenario 2	Szenario 3
Strengths (Pluspunkte)	▶ ▶ ▶ ▶ ▶	▶ ▶ ▶ ▶ ▶	▶ ▶ ▶ ▶ ▶
Weaknesses (Minuspunkte)	▶ ▶ ▶ ▶ ▶	▶ ▶ ▶ ▶ ▶	▶ ▶ ▶ ▶ ▶

Opportunities (Wachstums- chancen)	▶ ▶ ▶ ▶ ▶	▶ ▶ ▶ ▶ ▶	▶ ▶ ▶ ▶ ▶
Threats (Risiken)	▶ ▶ ▶ ▶ ▶	▶ ▶ ▶ ▶ ▶	▶ ▶ ▶ ▶ ▶

3.3.4 Eine klare Vision

Nachdem Sie mehrere Bilder von Ihrer Zukunft entwickelt haben, kommt jetzt die spannende Aufgabe, eine klare Vision sowohl für Ihr Berufsleben als auch für Ihr Privatleben zu entwickeln. In seinem Buch »Der Weg zu den Besten: Die sieben Management-Prinzipien für dauerhaften Unternehmenserfolg« beschreibt Jim Collins elf Unternehmen, die 30 Jahre lang sehr erfolgreich waren. Eines der sieben Erfolgskriterien war: »Sie wurden geführt durch Level-5 Führungskräfte«.

Diese zeichneten sich aus durch:

- Bescheidenheit: Sie kannten ihre persönlichen Stärken und Schwächen und umgaben sich mit starken Führungskräften, um auf diese Weise geniale Führungsteams aufzubauen.
- Disziplin und Professionalität: Sie ließen nicht nach in ihren Bemühungen, sich vom Lehrling zum Profi und vom Profi zum Meister in ihrem Fach zu entwickeln.
- Vision und Strategie: Sie brachten ihr Unternehmen strategisch voran, indem sie das klare Ziel ausgaben, »die Nr. 1 in ihrem Bereich« sein zu wollen. Sie konzentrierten sich auf die »Kern-Leidenschaft des Unternehmens« und sorgten dafür, einen gesunden finanziellen Beitrag zum Unternehmen zu liefern.
- Balance im Leben: Die meisten dieser elf Führungskräfte verbrachten so gut wie jedes Wochenende zusammen mit ihrer Familie.

Die kreative Reise erstreckt sich ganz bewusst über einen Zeitraum von 15 Jahren in die Zukunft hinein, um Ihre Kreativität herauszufordern. Eine klare Vision für das Leben jedoch richtet sich nur auf die nächsten fünf Jahre, denn sie soll nicht illusionär sein, sondern zu Ihren Leidenschaften, Sehnsüchten und Gaben passen und überdies in absehbarer Zeit realisierbar sein. Eine Vision sollte zudem Berufs- und Privatleben miteinander kombinieren.

Erstellen Sie auch hier wieder zuerst eine Mindmap. Malen Sie danach mit Worten und Bildern eine klare Vision für die nächsten fünf Jahre Ihres Lebens. Wie sieht Ihr Berufsleben und wie sieht Ihr Privatleben in fünf Jahren aus?

Meine Berufsvision im Jahr …

Meine Privatvision im Jahr ...

3.3.5 Eine realisierbare Strategie

Von der kreativen Reise über die Visionsbilder kommen wir jetzt zu einer umsetzbaren Strategie. Im oben angeführten Buch »Der Weg zu den Besten« wird eine Studie zitiert, die sich mit den Geschichten US-amerikanischer Kriegsgefangener in Vietnam befasste. Es stellte sich heraus, dass es einen Zusammenhang gab zwischen den Überlebenschancen dieser Gefangenen und deren persönlichen Lebenseinstellungen. Im Großen und Ganzen ließen sich die Gefangenen in drei Gruppen einteilen:

1. Die Pessimisten: Sie starben zuerst.
2. Die Optimisten: Sie starben etwas später als die Pessimisten.
3. Die Realisten mit Perspektive: Sie überlebten am häufigsten.

Ein mündiger Mensch wird nicht nur überleben, sondern seiner Umgebung auch als Vorbild zeigen, wie man sinnvoll überlebt. Darum braucht jeder Mensch diese wesentliche, absolut notwendige Kompetenz: Er muss seine Vision und Leidenschaften in eine klare und umsetzbare Strategie übersetzen können.

Ich selbst (Paul Donders) prüfe meine persönlichen strategischen Ziele gerne anhand der M-M-M-Kontrolle. Demnach müssen strategische Ziele immer folgende Kriterien erfüllen:

M = Messbar

- hinsichtlich Zeit (wann fertig, wie oft, regelmäßig?)
- hinsichtlich Ergebnis (wie sieht das Ergebnis konkret aus?)
- hinsichtlich Geld (was werden die Kosten sein?)

Das sollte schriftlich festgehalten werden, denn sonst bleibt es Wunschdenken.

M = Machbar

- Ziele sollen realistisch, das heißt, zu schaffen sein.
- Sie sollten im Zusammenhang mit allen anderen Projekten realisierbar sein.
- Hindernisse auf dem Weg sollten bedacht und umgangen werden.
- Idealerweise sind Ziele in kleine aufeinanderfolgende Schritte unterteilt.

M = Motivierend

- Ziele sind positiv formuliert.
- Ziele inspirieren mich, das Gesamtbild weiterhin umsetzen zu wollen.
- Ziele fordern mir das Beste ab und regen meine Leidenschaft an.

Während sich die Vision auf die nächsten fünf Jahre ausrichtet, geben die strategischen Ziele einen klaren Weg für die nächsten zwei bis drei Jahre vor. Nutzen Sie die folgenden beiden Diagramme, um eine integrierte Strategie festzulegen, die sowohl Ihr Privat- als auch Ihr Berufsleben umfasst. Schreiben Sie in die linke Spalte Ihre verschiedenen strategischen Ziele. In die drei Folgespalten kommen dann die Zwischenziele für das nächste, das übernächste und das darauffolgende Jahr.

Nachdem Sie Ihre Ziele für die nächsten drei Jahre festgelegt haben, führen Sie nochmals eine Kontrolle anhand der M-M-M-Kriterien für sich durch. Das heißt, Sie prüfen kritisch, ob Ihre Ziele in Einklang sind mit den Kriterien messbar, machbar und motivierend. Was die Kriterien noch nicht erfüllt, sollte entsprechend angepasst werden.

Drei strategische Jahresziele (beruflich)	Umsetzbare Jahresziele im nächsten Jahr	im übernächsten Jahr	im Jahr ______
1.	▶	▶	▶
	▶	▶	▶
	▶	▶	▶
2.	▶	▶	▶
	▶	▶	▶

	▶	▶	▶
3.	▶ ▶ ▶	▶ ▶ ▶	▶ ▶ ▶

Drei strategische Jahresziele (privat)	Umsetzbare Jahresziele		
	im nächsten Jahr	im übernächsten Jahr	im Jahr ______
1.	▶ ▶ ▶	▶ ▶ ▶	▶ ▶ ▶

2.	▶ ▶ ▶ ▶	▶ ▶ ▶ ▶	▶ ▶ ▶ ▶
3.	▶ ▶ ▶ ▶	▶ ▶ ▶ ▶	▶ ▶ ▶ ▶

3.4 Freund sein

3.4.1 Vom Sinn der Freundschaft

Henk, seit 35 Jahren ein sehr guter Freund von mir (Paul Donders), ist Hausarzt mit Leib und Seele. Immer wieder begleitet er Patienten bei ihrem Sterbeprozess und er hat in seinen 30 Berufsjahren als Arzt viel erlebt. Mehrere Male wurde er Zeuge eines Beinahetodes, also einer Erfahrung, bei der ein Mensch fast gestorben wäre und auf wundersame Weise dann doch zurück ins Leben fand.

Er erzählt: »Wenn du diese Menschen, die vom Leben Abschied genommen und dann eine zweite Chancen bekommen haben, fragst: Was ist ab jetzt das Wichtigste für Sie? Dann antworten 90 Prozent dieser Menschen: Meine Beziehungen zu den Menschen um mich herum!«

Wenn also alles im Angesicht des Todes plötzlich relativ wird, wird eines klar: Wirklich wichtig, kostbar und wertvoll im Leben sind die Beziehungen. Die meisten unter uns werden das sicher ohne Weiteres bestätigen. Häufig höre ich aber intelligente Menschen sagen: »Meine Kinder sind mir das Wichtigste im Leben! Leider habe ich wenig Zeit für sie!«

Das ist ein Widerspruch in sich. Denn was mir wichtig ist, dem räume ich auch eine entsprechende Priorität ein, dafür nehme ich mir genügend Zeit, sollte man meinen. Und doch! Ich glaube Menschen, die sagen: »Meine Kinder sind mir sehr wichtig!« Selbst dann, wenn sie wenig Zeit mit ihnen verbringen. Denn tatsächlich haben wohl die meisten von uns Themen, die wir ausgesprochen wichtig finden. Meistens widmen wir aber dennoch unsere Zeit und Aufmerksamkeit vor allem den Dingen, wo jemand am lautesten schreit!

Anhand dieser Beispiele wird klar:

1. Beziehungen sind für ein erfülltes Leben lebensnotwendig.
2. Was mir wichtig ist, dem widme ich nicht immer genügend Zeit.
3. Ich muss bewusste Entscheidungen treffen, meine Zeit den wirklich wichtigen Themen meines Lebens zu widmen.

In diesem vierten Bereich unseres Wirkens nach außen, unserem Auftrag im Leben, laden wir Sie ein zu entdecken, wie Sie Ihren persönlichen Stil entwickeln können, Freund zu sein. Dafür ist es erforderlich, sich auf das Wesentliche zu konzentrieren, Prioritäten zu setzen, jemandem Vertrauen zu schenken (ein Wagnis!) und nicht zuletzt, sich gegen Widerstände durchzusetzen.

Darum zuerst die Ermutigung: Gesunde Freundschaften bereichern das Leben ungemein, und das in vielfacher Hinsicht. Dazu einige Tatsachen und Überlegungen:

Freundschaften halten jung. Menschen mit gesunden Beziehungen bleiben bis ins hohe Alter jung. In einer Studie wurden über 80-Jährige verglichen mit 35-Jährigen aus der gleichen Berufsgruppe (also Zahnärzte mit Zahnärzten, Bäcker mit Bäckern etc.). Gegenstand des Vergleichs war die intellektuelle Kraft und Denkgeschwindigkeit. Es stellte sich heraus: 30 Prozent der über 80-Jährigen zeigten eine genauso starke Denkleistung wie die 35-Jährigen oder übertrafen sie sogar noch. Diese Gruppe der über 80-Jährigen bestand allerdings ausschließlich aus Menschen, die ihr Leben teilten mit herausfordernden Lebenspartnern. Aktive Freundschaften fördern also unsere Jugendlichkeit und unser Denkvermögen.

Freundschaften erhöhen die innere Widerstandskraft. Seit einiger Zeit macht der Begriff Resilienz (»innere Widerstandskraft«) von sich reden. Mittlerweile ist diese Fähigkeit, auch widrigsten Lebensumständen zu trotzden, vielfach von Forschern untersucht worden. Die Entdeckungen der Wissenschaft sind eindeutig: Eine der wesentlichen Voraussetzungen für Resilienz ist es, warme und lebendige Beziehungen zu haben, zu pflegen und zu genießen.

Gordon MacDonald beschreibt in seinem Buch »Du machst mich stark«, wie ein Mensch über 40 gesund bleiben kann bis ins hohe Alter. Für ihn ist die Fähigkeit, im Team zu arbeiten und dadurch regelmäßiges konstruktives Feedback zu bekommen, einer der Schlüssel dazu. In einer Studie über Resilienz bei Jugendlichen stellte man fest: Rund 30 Prozent der Jugendlichen mit einem hohen Resilienzfaktor waren mental, emotional und körperlich sehr viel gesünder als der Rest. Eine Gemeinsamkeit der Mitglieder dieser Gruppe war: Sie alle hatten die Fähigkeit, gesunde Beziehungen aufzubauen, zu pflegen und zu genießen.

Freundschaften vervielfachen die Leistungsfähigkeit. Ein starkes Team von zwei Menschen, die in einer gesunden Beziehung zueinander stehen, ist zusammen sehr viel produktiver als die Summe der beiden Einzelleistungen. Ein Beispiel aus der Landwirtschaft macht das deutlich: Ein Pferd kann aus dem Stand heraus einen Wagen mit 1000 kg ziehen. Zwei Pferde, die optimal zusammenarbeiten, können aus dem Stand 10 000 kg ziehen. Für Menschen gilt Ähnliches: In einer Langzeitstudie der Firma Kienbaum über die Effektivität und Innovationskraft von Teams fand man heraus: Die produktivsten Teams (vier Prozent aller untersuchten Teams) waren bis zu 20-mal effektiver als der Durchschnitt. Sie alle besaßen folgende Eigenschaften:

1. Die Teammitglieder kannten einander so gut, dass sie die Stärken der anderen nutzen konnten, um eigene Schwächen zu kompensieren.
2. Konflikte wurden schnell, offen und fair gelöst.
3. Die Teammitglieder einigten sich zuvor auf eine klare Vision und Strategie, für die sie sich gemeinsam mit hoher Hingabe einsetzten.

All diese Elemente haben mit dem Willen, gute Beziehungen aufzubauen, und mit der Fähigkeit, sie zu pflegen und sich dafür einzusetzen, zu tun.

Freundschaft bringt Wärme und Auftrieb ins Leben. Freundschaft macht unser Leben warm, farbenfroh und gibt uns inneren Auftrieb. Gerade eben bekam ich (Paul Donders) einen Kaffee von einer sehr netten Stewardess auf meinem Flug von Kristianszand nach Amsterdam. Sie reichte mir nicht nur den Kaffee, sondern schenkte mir auch ein strahlendes Lächeln, als ob sie sagen wollte: »Schön, dass Sie da sind. Es ist mir eine echte Freude, in diesem Moment Kontakt mit Ihnen zu haben«. Nüchtern gesehen sind das nur zwei Sekunden Lächeln und zwei Sekunden Aufmerksamkeit. Die Wirkung: top! Ich werde gesehen. Jemand schenkt mir Zuwendung. Ich fühle mich wertvoll.

Dies ist natürlich nur ein Moment von vergleichsweise unverbindlicher Freundlichkeit. Was aber kann erst geschehen, wenn mir mehrere Menschen in meinem Leben, sprich meine Freunde, regelmäßig Zeit und Zuwendung schenken?

Im vergangenen Sommer war ich mit meinem ältesten Sohn fünf Tage in Oxford, wo wir zusammen einen »Schreiburlaub« verbrachten. Jeden Tag schrieben wir sieben Stunden, daneben genossen wir das reichhaltige Kulturangebot, machten Spaziergänge oder gingen essen. Sprich, wir pflegten unsere Vater-Sohn-Freundschaft. Das machte so viel Spaß und brachte so viel Energie in mein Leben, dass ich jetzt noch – Monate später – davon zehre und die Erinnerung daran genieße.

Freundschaft ist das Geschenk der Bestätigung. Freundschaft zu geben bedeutet, Wert zu schenken und mein Gegenüber aufzubauen. Wenn ich einem Menschen uneingeschränkt zuhöre und ihn von Herzen verstehen will, sage ich ihm damit: »Hier und jetzt bist du für mich sehr wertvoll.« Ich zeige der betreffenden Person, wie viel sie mir bedeutet. Ihr fällt es damit wieder ein Stück leichter, sich selbst als wertvoll zu betrachten, sich zu akzeptieren und zu lieben. In diesem Sinn ist Freundschaft eines der größten Geschenke, die man jemandem überhaupt machen kann. Ein

Geschenk, das die Selbstachtung und das Selbstvertrauen der betreffenden Person nachhaltig stärkt und wachsen lässt.

Zusammengefasst kann man sagen: Gesunde Beziehungen bewirken:

1. Langfristige Frische und Kraft im eigenen Denken.
2. Innere Widerstandskraft, die dabei hilft, den mitunter kräftezehrenden Marathon des eigenen Lebens gesund und inspiriert durchzustehen.
3. Eine deutlich erhöhte Produktivität bei der Arbeit.
4. Wärme, Farbenvielfalt und tiefe Motivation.
5. Selbstachtung und Selbstvertrauen bei beiden Personen, die miteinander befreundet sind.

Im Buch Kohelet des Alten Testaments wird dies (vor mehr als 3000 Jahren) auf interessante Weise beschrieben:

Und wieder habe ich etwas unter der Sonne beobachtet, das Windhauch ist. Es kommt vor, dass jemand allein steht und niemanden bei sich hat. Ja, er besitzt nicht einmal einen Sohn oder Bruder. Aber sein Besitz ist ohne Grenzen und überdies kann sein Auge vom Reichtum nicht genug bekommen. Doch für wen strenge ich mich dann an und warum gönne ich mir kein Glück? Auch das ist Windhauch und ein schlechtes Geschäft. Zwei sind besser als einer allein, falls sie nur reichen Ertrag aus ihrem Besitz ziehen. Denn wenn sie hinfallen, richtet einer den anderen auf. Doch wehe dem, der allein ist, wenn er hinfällt, ohne dass einer bei ihm ist, der ihn aufrichtet. Außerdem: Wenn zwei zusammen schlafen, wärmt einer den andern; einer allein – wie soll er warm werden? Und wenn jemand einen Einzelnen auch überwältigt, zwei sind ihm gewachsen und eine dreifache Schnur reißt nicht so schnell.

(Kohelet 4,7–12)

Der Einstieg dieses Textes bringt es auf den Punkt: Was passiert, wenn jemand zwar materiell vorsorgt, dabei aber vergisst, in das Wichtigste zu investieren – in gesunde Beziehungen? Seine Bemühungen sind letztlich vergebens.

Diese Einführung in das Thema Freundschaft und Beziehungen hat Sie hoffentlich motiviert, sich mit diesem Bereich des Lebens intensiver als bisher zu beschäftigen und Ihre Freundschaften auszubauen und zu pflegen. Die Freundschaft ist eine Form von Liebe, und diesen Begriff möchte ich nicht ohne meine persönliche Definition verwenden:

Liebe ist ein uneingeschränktes Ja zum Du.
Wenn ich einen Menschen liebe,
schenke ich ihm ein uneingeschränktes Ja!
Ein Ja zu seiner persönlichen Geschichte und Herkunft.
Ein Ja zu seinen einzigartigen Begabungen und Möglichkeiten.
Ein Ja zu seiner persönlichen Gebrochenheit und Begrenzung.
Ein Ja zu seiner Leidenschaft und seinen Träumen.
Ein Ja zu seiner Freiheit, selbst entscheiden zu dürfen.
Ein Ja, das uneingeschränkt gilt. Ein Ja, das eine Manipulation, um ihn doch noch zu ändern und zu der Person zu machen, die ich gerne hätte, von vornherein ausschließt.

(Paul Donders)

Das hört sich natürlich sehr schwierig an. Wer kann angesichts dieser Anforderungen noch jemanden liebhaben? Liebe ist in der Realität die »Königstugend«, in der wir uns ein Leben lang üben. Aber sie ist auch die größte Kraft, die größte Bereicherung, die wertvollste Tugend, die beste Medizin und wahrscheinlich auch die am meisten ersehnte Gabe der Welt.

Das begeistert mich auch am christlichen Glauben, der besagt: Gott ist Liebe (also sagt er uneingeschränkt ja zu uns), und in Christus hat er sich uns Menschen auch uneingeschränkt hingegeben.

Das ist die Grundlage, warum mein Urvertrauen (ich bin geliebt, respektiert, vertrauenswürdig) immer mehr wächst. Durch dieses Wissen bin ich immer mehr dazu fähig, Liebe an die Menschen weiterzuverschenken, die in meinem Leben eine Rolle spielen.

3.4.2 Beziehungen im Alltag leben

Aber jetzt zurück in die Lebenspraxis und hinein in den Alltag: Wenn gesunde Beziehungen so sinnvoll und lebensnotwendig sind, warum räumen wir ihnen dann eine so geringe Priorität ein? Warum lassen wir uns täglich ablenken von 1000 anderen wichtigen Sachen? Zum Teil ist das durchaus verständlich (was aber nicht heißt, dass es nicht trotzdem eine Dummheit wäre).

Wer gesunde Beziehungen bauen, pflegen und genießen will, wird dies bewusst erlernen müssen. Es ist wie bei allen Tugenden. Erlernen lässt sich dies:

1. durch die Überzeugung, dass Sie es wirklich wollen
2. durch kleine, praktische Übungen im Alltag
3. durch die disziplinierte Entwicklung neuer Gewohnheiten, indem Sie eine solche Gewohnheit neu etablieren und dann 36-mal wiederholen
4. durch einen Sparringspartner, der mit Ihnen übt und Ihnen konstruktives Feedback gibt

Wie das bei mir (Paul Donders) funktioniert? Jedes Jahr zwischen Weihnachten und Neujahr pflege ich über das zurückliegende Jahr nachzudenken. Da frage ich mich: Wie viel bewusst erlebte Zeit habe ich mit den für mich wichtigsten Menschen verbracht? Mit meiner Frau Sylvia, meinen Kindern Jeroen, Vivian und Robin? Mit meinen besten Freunden Chris, Albert, Janny und mit anderen Freunden?

Das ist immer aufs Neue spannend. Noch wichtiger ist allerdings das Nachdenken über die Frage: Wie will ich in Zukunft regelmäßig mit wem mehr Zeit bewusst verbringen? Zum Beispiel mit meiner Frau Sylvia:

- drei Mal pro Woche zusammen mit ihr den Hund spazieren führen
- ein Mal pro Monat mit ihr ins Kino oder auswärts essen gehen
- zwei Mal pro Jahr ein Wochenende zu zweit verbringen
- usw.

Die Zeiten intensiven Beisammenseins geben mir die Möglichkeit, uneingeschränkte Aufmerksamkeit und Zuwendung zu geben und zu praktizieren. Aufmerksamkeit und Zuwendung, die ich genauso auch zurückbekomme.

Nun sind Sie an der Reihe. Starten Sie am besten mit einer Mindmap, mit der Sie sich eine Übersicht verschaffen, welche Freundschaften Sie pflegen wollen. Sie können sich gern von dieser Vorlage inspirieren lassen. Sie können aber auch eine eigene Mindmap komplett frei zeichnen:

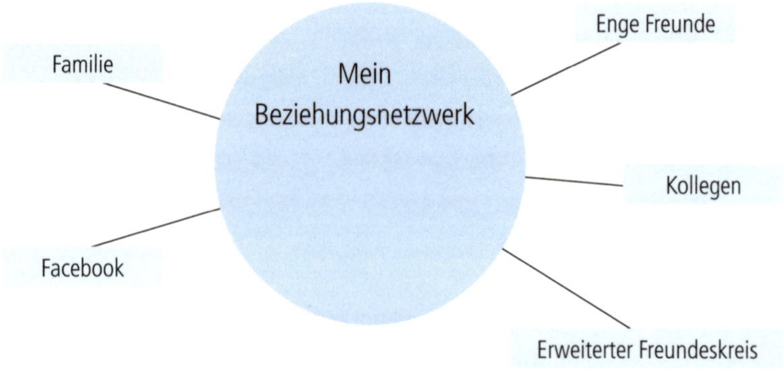

Bild 3.4 Vorlage für eine Mindmap über Beziehungen

Wie Sie sehen, kann so ein Beziehungsnetzwerk ausgesprochen vielfältig sein. Da gibt es zum einen die Familie und die ganz engen Freunde. Es gibt aber auch den erweiterten Freundeskreis bis hin zu den Freunden bei Facebook oder auf anderen Internetplattformen.

Schreiben Sie an jeden Zweig dieser Mindmap ganz konkret die Namen Ihrer Freunde. Jetzt dürfen Sie eine Entscheidung treffen. In welche Beziehungen wollen Sie in Zukunft am meisten investieren?

Häufig ist es so, dass bei so einer Übersicht der Freundschaften und Facebook-Kontakte schnell einmal ein paar hundert Beziehungen zusammenkommen. Sie haben aber nur begrenzte Zeit zur Verfügung. Darum ist es gut, bewusst die Entscheidung zu treffen, wem Sie Ihre Zeit und Aufmerksamkeit schenken wollen. Gleichzeitig sollten Sie aber auch darauf achten, dass es ein gesundes Maß zwischen den verschiedenen Bereichen in Ihrem Beziehungsnetzwerk gibt.

Es geht hier also nicht um ein »Entweder-oder«, sondern vielmehr um ein »Sowohl-als auch«.

Um Ihre Entscheidung praxistauglich zu machen, sammeln Sie in der nachfolgenden Tabelle ganz konkrete Ideen, wie Sie in die jeweilige Beziehung investieren wollen.

Investition in mein Beziehungs-netzwerk	Wie viel Zeit will ich investieren? Täglich? Wöchentlich? Monatlich? Jährlich?	Ideen, wie ich ganz konkret in diese Beziehung investieren kann. Einmalig? Regelmäßig?
Familie		
▶		
▶		
▶		

Enge Freunde ▶ ▶ ▶		
Kollegen ▶ ▶ ▶		
Erweiterter Freundeskreis ▶ ▶ ▶		
Facebook-Bekanntschaften ▶ ▶ ▶		

Mit dieser Übersicht haben Sie nun schon einen wichtigen Schritt gemacht. Doch nur, weil Sie es sich so ausgedacht haben, sind Ihre Vorsätze noch längst nicht in die Tat umgesetzt. Die betreffenden Familienmitglieder, Freunde oder Kollegen könnten ganz andere Vorstellungen haben. Sprechen Sie mit den betreffenden Menschen darüber. Erzählen Sie von Ihren Ideen und suchen Sie im Gespräch einen gemeinsamen Nenner. Der riesige Vorteil besteht darin, dass Sie durch ein solches Gespräch einen Verbündeten dafür gewinnen, mit Ihnen gemeinsam in die Beziehung zu investieren.

3.4.3 Wachsen in der Beziehungskompetenz

Beziehungen können der Himmel auf Erden sein, aber sie können auch zur Hölle werden. Der größte Stress, den wir heutzutage erleben, ist Beziehungsstress. Zugleich haben Sie bestimmt schon erlebt, welch großer Segen eine gesunde Beziehung sein kann. Ob eine Beziehung Himmel oder Hölle wird, das liegt in unserer eigenen Fähigkeit, Beziehungen zu bauen, zu pflegen und zu erhalten.

Natürlich haben wir es nicht zu 100 Prozent in der Hand, denn an einer Beziehung sind immer zwei Personen beteiligt. Wenn wir aber mehr Himmel erleben wollen, lohnt es sich ganz bestimmt, in unsere eigene Beziehungskompetenz zu investieren. Und da wir überall von Beziehungen umgeben sind, ist dies eine Investition, die in allen Lebensbereichen wirksam wird.

Machen Sie einen ersten Schritt. Im folgenden Workshop lade ich Sie zu einem Selbst-Check ein. Ich habe verschiedene Aspekte der Beziehungskompetenz für Sie zusammengetragen. Versuchen Sie nun, jeden einzelnen Aspekt mit einer Punktzahl zu bewerten. Geben Sie einen Punkt, wenn die Fähigkeit bei Ihnen (noch) nicht vorhanden ist. Geben Sie 10 Punkte, wenn diese Fähigkeit bei Ihnen sehr stark ausgeprägt ist. Versuchen Sie dabei, möglichst ehrlich zu sich zu sein:

Beziehungskompetenz	Selbsteinschätzung 1 = nicht vorhanden 10 = stark ausgeprägt
Neue Beziehungen aufbauen	
Beziehungen (ohne Missklänge) beenden	
Empathisch zuhören	
Fragen stellen	
Feedback geben	
Sich klar ausdrücken	
Konstruktiv mit Konflikten umgehen	
Verhalten beobachten (ohne zu bewerten)	
Gefühle ausdrücken	
Die eigenen Bedürfnisse kennen	
Wünsche (ohne Forderung) formulieren	
Andere unterstützen	
Aufrichtiges Interesse an meinem Gegenüber zeigen	
Dauerhaft in Beziehungen investieren	
Wertschätzung und Respekt zeigen	

Neben Ihrer Selbsteinschätzung ist es sehr zu empfehlen, eine weitere Person, der Sie voll und ganz vertrauen, zu Rate zu ziehen. Damit erhalten Sie zusätzlich eine Fremdeinschätzung und damit die Möglichkeit, sogenannte blinde Flecken, die wir alle haben, zu entdecken.

Beziehungskompetenz	Einschätzung durch einen Freund 1 = nicht vorhanden, 10 = stark ausgeprägt
Neue Beziehungen aufbauen	
Beziehungen (ohne Missklänge) beenden	
Empathisch zuhören	
Fragen stellen	
Feedback geben	

Sich klar ausdrücken	
Konstruktiv mit Konflikten umgehen	
Verhalten beobachten (ohne zu bewerten)	
Gefühle ausdrücken	
Die eigenen Bedürfnisse kennen	
Wünsche (ohne Forderung) formulieren	
Andere unterstützen	
Aufrichtiges Interesse an meinem Gegenüber zeigen	
Dauerhaft in Beziehungen investieren	
Wertschätzung und Respekt zeigen	

Was sind nun Ihre größten Fähigkeiten in der Beziehungsarbeit und wo liegen Entwicklungspotenziale? Tragen Sie dies in der nächsten Übersicht ein:

Meine drei größten Kompetenzen sind ...

Selbsteinschätzung	Einschätzung durch einen Freund
1.	1.
2.	2.
3.	3.

Meine zwei niedrigsten Werte sind ...

Selbsteinschätzung	Einschätzung durch einen Freund	Ideen zur Entwicklung
1.	1.	1.
2.	2.	2.

3.4.4 Die richtige Lebensform finden

Der Auftrag, Freund zu sein, hat auch mit der Frage zu tun, in welcher grundsätzlichen Lebensform ich leben will. Dabei ist eine wichtige Entscheidung für meinen Berufungsweg zu treffen. Sehe ich für mich den Weg als Single? Oder will ich lieber in einer Beziehung oder Ehe leben und auch eine Familie gründen? Will ich in der gewählten Lebensform allein leben oder mit anderen zusammen? Und wie soll dieses Zusammenleben aussehen?

Die Beantwortung dieser Frage ist mit Sicherheit genauso wichtig – wenn nicht sogar wichtiger – als die Entscheidung für den richtigen Beruf. Die Grundlage dafür bildet natürlich die eigene Identität. Wer bin ich und wofür will ich stehen?

Für mich selbst (Peter Essler) war immer klar, dass ich heiraten wollte und den Wunsch nach einer Familie mit mehreren Kindern hatte. Aber es gab auch in meiner späten Teenagerzeit noch den Wunsch, als Mönch in einem Kloster zu leben. Längere Zeit trug ich beide Tendenzen in mir. Meine damalige Freundin, die ich später auch geheiratet habe, fand diese Überlegungen gar nicht so lustig. Aber ich musste sie anstellen, um mir sicher zu sein, dass meine Entscheidung später auch Bestand haben würde. Heute – nach über 25 Jahren Ehe – bin ich immer noch glücklich darüber, mich so entschieden zu haben.

Wer die richtige Entscheidung treffen möchte, findet wertvolle Hilfe und Inspiration durch Gedanken von Ignatius von Loyola, den Gründer des Jesuitenordens. Viele angebotene Besinnungstage (Exerzitien) arbeiten mit seinen Ideen, wobei es immer wieder darum geht, eine gute Wahl zu treffen. Sehr zu empfehlen ist dazu das Buch von Stefan Kiechle mit dem Titel »Sich entscheiden«. Hier ein paar Gedanken aus diesem Buch:

Schaffen Sie ein möglichst hohes Maß an innerer Freiheit. Das ist die Grundvoraussetzung in jeder Entscheidungssituation. Ignatius nennt dies im Original »indifferent sein«. Bevor ich also eine Entscheidung treffe, soll ich in mir meine innere Freiheit vermehren. Jede Entscheidungssituation hat mit vielen bewussten oder auch weniger bewussten bzw. unbewussten Regungen zu tun. Je mehr ich aber an diesen Regungen hänge, desto unfreier bin ich in meinem Entscheidungsprozess.

Ein Teil dieser Regungen haben nur etwas mit meinem Ego zu tun. Darin suche ich nur meinen eigenen Vorteil. Mir soll es gut gehen. Andere Regungen zielen auf den Vorteil für die anderen ab. Darin bin ich selbstlos. Da wir aber nie wirklich innerlich so frei sein können, dass wir unabhängig von unseren Regungen sein werden, sollten wir als Ziel die Vermehrung der inneren Freiheit im Auge haben. Dies ist letztlich ein lebenslanger Prozess und erfordert sehr viel Übung.

Auch das gute Gespräch mit Freunden kann mir helfen, mir klarer über meine Motive zu werden. Mit einem möglichst großen Maß an innerer Freiheit stelle ich mir nur zwei Hauptfragen:

1. Was bringt die größere Frucht? Vor mir liegen zwei scheinbar gleichwertige Entscheidungsoptionen. Nun stelle ich mir die Frage, welche von diesen beiden Möglichkeiten wohl die größere Frucht in meinem Leben bringen wird. »Frucht« heißt nicht etwa Macht, Geld oder Prestige. Der Maßstab sind vielmehr solche Werte, wie wir sie im Kapitel 3.2 bei den Tugenden beschrieben haben, also etwa Gerechtigkeit oder Liebe. An ihnen prüfe ich für mich, welcher Weg wahrscheinlich mehr an Gerechtigkeit, Liebe und anderen Tugenden schaffen wird. Natürlich kann ich heute nicht mit einer 100-prozentigen Sicherheit sagen, ob meine Einschätzung bei der einen oder anderen Option auch wirklich zutreffen wird. Doch dies ist auch nicht notwendig. Vielmehr geht es um die richtige Tendenz. So war es übrigens auch bei mir. Heiraten oder ins Kloster gehen? Beides sind wertvolle Möglichkeiten. Aber in meinem Empfinden waren die Heirat und der Wunsch nach einer Familie deutlich stärker bei der Frage, wie ich Frucht bringen kann. Diese Frage zielt also darauf ab, was ich für andere tun kann. Dies entspricht in unserem Berufungsmodell den beiden rechten Aspekten »Gestalten« und »Freund sein«.

2. Was bringt den größeren Trost? Diese zweite wichtige Hauptfrage beschäftigt sich mit den Aspekten auf der linken Seite unseres Berufungsmodells – »Bei mir selbst sein« und »Lernen«. Das Wort Trost klingt ein wenig seltsam in unseren Ohren, speziell wenn es im Zusammenhang mit der Wahl für einen Lebensweg genannt wird. Ignatius meint damit: Liebe zu Gott und zu den Menschen, also wirkliche Beziehung, die bewegt und erfüllt; dazu Hoffnung, Glaube und Liebe, außerdem innere Freudigkeit. An dieser Messlatte prüfe ich für mich, auf welchem Weg ich mehr Trost erfahren kann. Dieser Zugang ist in gewissem Sinne selbstorientiert oder egozentrisch. Bei welchem Weg wird es mir besser gehen? Wobei werde ich die größere Erfüllung erleben? Die Orientierung erfolgt aber nicht an einem oberflächlichen Spaß, sondern an einer Freude und Erfüllung, die tiefer geht.

Die innere Freiheit und die Antwort auf die beiden oben zitierten Fragen sind die wichtigsten Voraussetzungen, um eine gute Entscheidung zu treffen. Das gilt für alle Entscheidungen – auch für die, in welcher Lebensform Sie leben möchten.

In der Praxis begegnen mir (Peter Essler) immer wieder Fälle, bei denen es in Entscheidungssituationen nicht nur um ein »Entweder-oder« geht. Vielmehr stellt sich die Frage, wie möglicherweise doch beide Aspekte miteinander verbunden werden können.

Lassen Sie mich dies an meinem Beispiel verdeutlichen. Ich habe mich für Ehe und Familie entschieden und bin nicht ins Kloster gegangen. Doch ich versuche schon seit vielen Jahren, in meinem Lebensrhythmus Zeiten zu integrieren, in denen ich mich dem Gebet oder dem Lesen eines spirituellen Buches widme. Das war es nämlich, was mich an dem Klostergedanken am meisten faszinierte und immer noch fasziniert: Dass es festgelegte Zeiten gibt, die für Gebet oder Schriftlesung reserviert sind.

Ich lasse mich also immer wieder unterbrechen, wie es im Kloster gemacht wird, um mich den wesentlichen Dingen zuzuwenden. Damit habe ich einen Weg gefunden, auf der einen Seite zu heiraten, aber auch die Essenz dessen, was einen Eintritt ins Klosters aus meiner Sicht ausgemacht hätte, in meinem Leben zu verwirklichen.

4 Spiritualität

Denn bei dir ist die Quelle des Lebens,
Licht schauen wir in deinem Lichte.

PSALM 36,10

4.1 Was ist Spiritualität?

Spiritualität ist ein sehr moderner Begriff. Er hat sich erst in den letzten Jahrzehnten entwickelt. Heute gehört er aber zu den wichtigsten Begriffen, wenn es um eine wertebasierte Lebensführung geht. Der Begriff Spiritualität wird – je nach Hintergrund – unterschiedlich definiert. So spricht man zum Beispiel von einer christlichen oder – noch spezifischer – von einer benediktinischen Spiritualität. Hier in diesem Buch arbeiten wir mit einer Beschreibung, die sich in Bezug auf den Berufungsweg als sehr hilfreich erwiesen hat:

Spiritualität ist die bewusst erlernte Achtsamkeit, das Leben zu sehen

Zur Erklärung dieser Definition starten wir am einfachsten mit dem Sehen. Eine gesunde Spiritualität hilft uns, sehen zu lernen. Sie bringt uns dazu, mehr als nur einen flüchtigen Blick zu wagen und das Eigentliche einer Situation oder Begegnung zu erfassen. Spiritualität bringt uns also dazu, mehr zu sehen als das, was man direkt vor Augen hat.

Richard Rohr, ein (genial) querdenkender amerikanischer Franziskanerpater, sagt über die Bedeutung des Sehens: »Wirklich sehen zu können, das ist das Herzstück einer gegenwärtigen Spiritualität.« Das Wort Sehen beschreibt das Sehen mit den Augen, vor allem aber auch das ganzheitliche, vertiefte Wahrnehmen.

Aber worauf lenkt man die Aufmerksamkeit beim Sehen? Es geht darum, das Leben zu entdecken. In meinen Seminaren stelle ich (Peter Essler) gerne die Frage, wo die Teilnehmer denn schon das Leben gesehen haben oder ihm begegnet sind. Dann kommen so wunderschöne Antworten wie:

- »Als ich im letzten Jahr im Urlaub eine Bergtour gemacht habe und dabei die mächtigen Bergmassive gesehen habe, da spürte ich, dass ich dem Leben begegnet bin.«
- »Ich hatte einen schweren Unfall und es war nicht sicher, ob ich überleben würde. Da bin ich, obwohl es um den Tod ging, dem Leben begegnet.«
- »Ich war bei der Geburt meiner Tochter dabei. Ich habe das Leben gesehen.«

In diesen Beispielen können wir erahnen, wie sich in besonderen Situationen das Leben gezeigt hat. Wir spüren etwas von der Tiefe und Bedeutsamkeit, die im Leben verborgen sind. Aber auch in »normalen« Situationen können wir das Leben sehen. Vor Kurzem war ich auf einer Konferenz in den Niederlanden. Nach dem Abschluss wurde ich zusammen mit einer Kollegin zum Bahnhof nach Arnheim gebracht. Da bis zur Weiterfahrt noch ein wenig Zeit war, beschlossen wir, noch einen Kaffee zusammen zu trinken. Wir saßen im geschäftigen Bahnhofscafé und tauschten uns darüber aus, was bei jedem von uns im letzten Jahr passiert war. Und plötzlich merkten wir beide, dass wir in diesem Gespräch dem Leben begegneten. Inmitten der Geschäftigkeit und Unruhe stellte sich der Moment ein, in dem wir das Leben sahen. Ich lade Sie ein, sich über Ihr eigenes Sehen Gedanken zu machen. Halten Sie kurz inne und überlegen Sie sich, in welchen Situationen Sie selbst dem Leben schon begegnet sind. Wo haben Sie selbst das Leben gesehen? Notieren Sie sich ein paar Stichworte dazu gleich im nächsten Workshop:

Hier bin ich dem Leben begegnet oder habe das Leben gesehen ...

Wenn Sie neben den verschiedenen Beispielen, die ich oben beschrieben habe, auch Ihre eigenen betrachten, dann fallen zweierlei Dinge auf:

Erstens sind diese Lebensbegegnungen immer mit etwas Größerem und Wichtigerem verknüpft. Es geht hier um etwas Bedeutsames, um etwas, was dem Leben Tiefe verleiht. Sie kommen hierbei mit etwas in Kontakt, was Sie in Ihrer Mitte und Tiefe anrührt. Das macht diese Erfahrungen so wertvoll.

In diesen Begegnungen mit dem Leben vollzieht sich in uns ein Übergang von kurzfristigen und oberflächlichen Momenten hin zu dem, was wir als dauerhaft wertvoll empfinden. Dabei geht es nicht um die moralische Diskussion, ob Oberflächliches womöglich grundsätzlich schlecht und Tiefe grundsätzlich gut ist. Beides gehört zu einem normalen Leben.

Ich möchte hier vielmehr Ihre Aufmerksamkeit auf die Erlebnisse lenken, bei denen Sie in der Tiefe angesprochen wurden. Ich weiß nicht, wie es Ihnen geht, aber ich hatte bisher beim Anblick meiner abzuarbeitenden E-Mails noch nie eine tiefe Lebensbegegnung – und doch gehören sie zu meinem Leben dazu.

Zweitens kann man feststellen, dass diese Lebensbegegnungen sich oft spontan und ungeplant ereignen. Es scheint, als würden sie urplötzlich auftauchen und mich berühren. Ich kann eine solche Begegnung nicht erzwingen. Sie ereignet sich vielmehr, ist wie ein Geschenk, das ich unerwartet bekomme.

Ich sitze mit meiner Kollegin im Café und habe, bevor mir das Leben begegnet, keine Ahnung davon, dass sich diese Begegnung ereignen wird. Manche beschreiben ein solches Ereignis, das sie gleichsam wie ein Geschenk erhalten und das sich nicht bewusst herbeiführen lässt, als Gnade. Es ist eine Gnade, vom Leben berührt zu werden. Es ist eine zutiefst spirituelle Erfahrung.

Kommen wir zurück zu unserer Definition, wonach Spiritualität die bewusst erworbene Achtsamkeit ist, dem Leben zu begegnen. Wie wir gesehen haben, ist die Lebensbegegnung mit etwas Tiefem verknüpft, mit einem Ereignis, das wir wie ein Geschenk empfangen. Aber können wir wirklich gar nichts dazu beitragen? Kommt dieses Erleben einfach, wann es will, sodass man nichts tun kann, außer passiv darauf zu warten?

Traditionen, in denen Spiritualität schon seit vielen Jahrhunderten gelebt wird, lehren uns etwas anderes. Dort kommt neben der Gnade, die der Mensch empfangen, aber nicht bewusst auslösen kann, noch das Moment der Übung hinzu. Die Achtsamkeit, empfänglich für diese möglichen Geschenke zu werden, können wir also sehr wohl entwickeln.

Durch diese Übung bereiten wir uns darauf vor, das Leben leichter zu erkennen, wenn es uns begegnet. Darum reden wir auch von der bewusst erworbenen Achtsamkeit. Achtsamkeit bedeutet, in der jeweiligen Situation, in der wir uns gerade befinden, das Wesentliche wahrzunehmen. Diese Achtsamkeit ist uns in extremen Situationen wie einer Geburt oder Todeserfahrung durchaus eigen. Sie kommt dann gewissermaßen von selbst. Diese Erlebnisse sind so intensiv, dass wir uns um die Achtsamkeit keine Gedanken machen müssen. Wir sind zutiefst ergriffen und richten unsere Achtsamkeit automatisch auf das, was gerade geschieht.

Anders ist es jedoch, wenn wir unseren normalen Alltag leben. Hier verlieren wir immer wieder die Verbindung zu den wesentlichen Dingen. Nicht weil wir dies so wollten, sondern weil die Struktur eines Tages mit seinen unwahrscheinlich vielen Reizen und Aufgaben unsere Aufmerksamkeit in eine andere Richtung lenkt.

Die Entwicklung einer gesunden Spiritualität bedeutet nun, bildlich gesprochen, die eigene Gabe der Achtsamkeit zu trainieren wie einen Muskel. Achtsamkeit lässt sich trainieren. Dies ist der Anteil, den ein Mensch leisten kann, um das Leben (leichter) erkennen zu können. Sie können sich in Ihrer Achtsamkeit üben, damit Sie auch in einer von zahlreichen Dringlichkeiten geprägten Welt das Leben wahrnehmen.

Wir können den Gedanken sogar noch ein wenig weiterführen. Eine Spiritualität, die auch im Alltag mein Leben mitbestimmt, lehrt mich, dass das sogenannte normale Leben um ein Vielfaches reicher ist als von mir bisher angenommen. Es gibt sehr viele Möglichkeiten, in denen sich das Leben entdecken lässt. Es liegt schon vor uns. Indem wir achtsam werden, fangen wir an, diese Fülle von Möglichkeiten zu sehen.

4.2 Die Spiritualität und der Berufungsweg

Wie hängt nun die Spiritualität mit dem Berufungsweg zusammen? Kann man die eigene Berufung auch ohne Spiritualität leben? Welchen Nutzen hat man von der (bewussten) Integration der Spiritualität in die eigene Berufung? In diesem Buch haben wir versucht, deutlich zu machen, dass Berufung ein Lebensstil ist.

Sehr oft ging es in Gesprächen mit meinen (Peter Esslers) Kunden beim Thema Berufung hauptsächlich um eine Entscheidungssituation. Soll ich diesen Beruf in Zukunft ausüben oder jenen? Oder doch einen ganz anderen? Ist für mich das Single-Dasein das richtige oder soll ich doch lieber heiraten? Das sind in der Tat sehr wichtige Berufungsfragen, in denen die Weichen richtig gestellt sein wollen. Doch Berufung ist nicht vom alltäglichen Leben zu trennen. Im Alltag wird der Berufungsweg verwirklicht und umgesetzt. Dort kann sich für mich eine Aufgabe stellen, die eben auch zu meinem Berufungsweg dazugehört. Dann merke ich plötzlich: Jetzt stellt mir das Leben eine Aufgabe, die nur mich betrifft. Ich darf dem Leben jetzt dienen.

Ein kleines Beispiel soll verdeutlichen, was gemeint ist. Mein Sohn hatte ein klassisches Konzert besucht und ich (Peter Essler) durfte ihn abholen (Taxifahrer zu sein, gehört mitunter auch zu meiner Berufung). Da ich nicht wusste, wie lange das Konzert noch dauern würde, bat ich die ältere Frau an der Garderobe um Auskunft. Sie konnte mir zwar nicht weiterhelfen, aber wir kamen ins Gespräch. Und obwohl ich diese Frau noch nie gesehen hatte, fing sie plötzlich an, mir ihre ganze Lebensgeschichte zu erzählen.

Sie berichtete von vielen Freuden, aber noch mehr von den Schmerzen, die sie erlebt hatte. Ich fühlte mich irgendwie hilflos, merkte aber, dass es richtig war, ihr zuzuhören. In einer Alltagssituation stellte mir das Leben eine Aufgabe, und auch diese Aufgabe gehörte zu meinem Berufungsweg.

In dieser Begegnung war ich achtsam und konnte meinen Teil beitragen. Am Ende des Gespräches bedankte sie sich bei mir und wir verabschiedeten uns. Das ist eine kleine Geschichte, wie es sicher auch in Ihrem Leben ähnliche gibt.

Tatsache ist, dass wir Menschen für beides eine Orientierung benötigen. Wenn ich beides sage, meine ich damit die »großen« Entscheidungen und deren Konsequenzen ebenso wie die »kleinen« Begebenheiten. Nur beides zusammen sorgt im Leben für Erfüllung.

Früher orientierten sich Menschen, die auf Reisen gingen, an den Sternen. Wenn ich mich heute auf eine Geschäfts- oder Urlaubsreise begebe, dann orientiere ich mich an den Satelliten. Genauer gesagt arbeitet mein Navigationssystem für mich und liefert mir Informationen, die durch Satelliten bereitgestellt werden. Dafür bin ich mehr als dankbar, sonst hätte ich mich schon manches Mal in einer fremden Stadt verirrt. Doch selbst wenn ich mich einmal verfahren habe, mein Navi ist treu und leitet mich mit großer Beharrlichkeit und Geduld immer wieder auf meinen Weg zurück. Um im Bild zu bleiben: Mein Navi kann mir nur deshalb so gute Hinweise geben, weil die Satelliten weit außerhalb meines Autos liegen und aufgrund ihrer Entfernung für Überblick sorgen. Das ist im Grunde dasselbe System wie früher bei den Sternen.

So ähnlich ist es auch mit einer gesunden Spiritualität. Sie sorgt dafür, dass ich eine Orientierung habe, die nicht in mir selbst wurzelt. Die Orientierung muss über mich hinausgehen. Sonst drehe ich mich nur um mich selbst und bin auf einem Ego- oder Selbstverwirklichungstrip, also auf dem besten Weg, mich zu verirren und zu verrennen. Das ist mit Berufung nicht gemeint.

Eine gesunde Berufung bezieht ihre Orientierung aus der eigenen Identität und aus einem Blick auf das Leben, der von außerhalb kommt und der eben immer größer ist als ich selbst. Durch eine gelebte Spiritualität entdecke ich immer wieder Hinweise auf das Leben, die mir Orientierung geben im Großen wie im Kleinen. Ohne diese Hinweise würde ich mich zwangsläufig im Hektischen und Dringenden verrennen. Das Wesentliche ginge verloren.

Neben der Orientierung erfahre ich eine gesunde Spiritualität auch als Kraftquelle. Da gibt es etwas, was diese Welt und das Leben der Menschen am Laufen hält. Aus dieser Quelle darf ich schöpfen und mich wieder füllen lassen. Wenn ich mich dagegen nur in meinen Aufgaben bewege, werden über kurz oder lang meine Reserven erschöpft sein. Ein gesundes Leben braucht einen Ort, an den ich mich zurückziehen und meinen Tank wieder neu auffüllen kann. Genau dies bewirkt eine gesunde Spiritualität.

Mein Geist wird erfrischt und belebt. Wenn ich mir morgens Zeit nehme für das Gebet und das Lesen von ein paar Abschnitten aus der Bibel, darf ich erleben, wie ich wieder neu erfüllt und gestärkt werde. Gleichzeitig schärfe ich meine Achtsamkeit, um den Herausforderungen des Tages auf gute Weise begegnen zu können.

Ich will Sie ermutigen, Ihren eigenen Weg zu finden, wie Sie eine gesunde Spiritualität am besten in Ihrem Leben verankern können. Dafür werden wir später noch einige Anregungen geben.

4.3 Der Lebensbogen

Beim Lesen der letzten Abschnitte haben Sie vermutlich gespürt, welch großen Stellenwert eine gesunde Spiritualität auf unserem Berufungsweg hat. Doch was trägt eigentlich unsere Spiritualität? Was ist deren Grund und Basis?

Jeder Mensch beschäftigt sich im Laufe seines Lebens zumindest unbewusst mit diesen Fragen. Die Antworten, die ich mir gebe, sind die Basis für meine Spiritualität und somit auch für meinen Berufungsweg. Dazu möchte ich Ihnen gern ein Bild vorstellen, das ich als Mitarbeiter bei »Benedikt for Management« (im Internet: www.b-for-m.de) kennengelernt habe. Es geht um das Bild eines Lebensbogens.

Der Bogen symbolisiert unseren Lebensweg, gegliedert in einige typische Etappen, die wir im Laufe unseres Lebens durchlaufen. Da sind die Geburt, der Kindergartenbesuch, die Schule, die Ausbildung oder das Studium, die Familie, der Beruf, ein weiterer Beruf, der Ruhestand und zuletzt der Tod. Die Mitte des Bogens ist jedoch leer. Hier stellt sich nun die Frage: Wer oder was hat die Kraft, diesen gesamten Lebensbogen zu tragen? Was würden Sie hier eintragen? Welche Antwort erscheint Ihnen passend?

Zwei häufige Spielchen

Bevor Sie antworten, betrachten Sie bitte noch folgende zwei »Spielvarianten«, die typischerweise bei vielen Menschen auftreten, wenn diese Frage auftaucht.

Das Verwechselspiel: Die Variante geht so: Man nimmt einen Teil aus dem Lebensbogen und platziert ihn in der Mitte. Man nimmt also beispielsweise den Beruf, die Ehe oder die Kinder und setzt sie als Antwort in die Mitte. Etwas in die Mitte zu setzen bedeutet, dass sich alles andere um diesen Mittelpunkt dreht. Verwechselspiel nennt man es deshalb, weil ein Bereich aus dem eigenen Leben mit der eigentlichen Grundlage verwechselt wird. Er wird allein zur Basis gemacht. Dabei ist irgendwann offensichtlich, dass kein Bereich diese Last tragen kann.

Fragen Sie einmal Kinder, deren Eltern sie als Basis auserwählt haben, wie frei sie sich in ihrer Lebensentwicklung fühlen. Oder denken Sie an den Beruf, der im Zentrum steht und irgendwann einmal dem Ruhestand oder einer Arbeitslosigkeit weichen muss. Fällt er weg, dann gibt es plötzlich keine Mitte mehr und dem Leben fehlt die Basis.

Der Rat, dieses Spielchen nicht zu spielen, entspringt nicht irgendeiner Moral, die verbietet, einen Lebensbereich in die Mitte zu setzen. Die Überlegung ist vielmehr: Wer oder was hat die Kraft dazu, Ihren Lebensbogen dauerhaft zu tragen? Wir reden auch nicht über Schwerpunkte, die wir für eine bestimmte Zeit in unserem Leben setzen. Das ist in Ordnung und darf auch geschehen. Es geht vielmehr um die Frage nach dem Mittelpunkt Ihres Lebens.

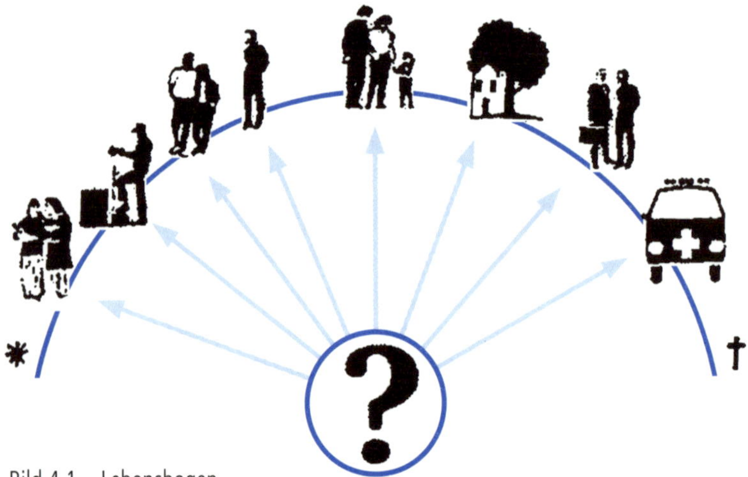

Bild 4.1 Lebensbogen

In einem der vielen Bilder, mit denen Jesus seine Zuhörer zum Nachdenken brachte, vergleicht er einen Mann, der sein (Lebens-)Haus auf einem Felsen gebaut hat, mit einem anderen, der sein Haus auf Sand gebaut hat.

Wer sein Haus auf Sand gebaut hat, ist – ähnlich wie jemand, der sich um die falsche Achse dreht – verloren.

Das Aufschiebespiel: Auch dies ist eine beliebte Variante, die bei vielen Menschen vorkommt. Die Frage nach der Mitte wird nicht geklärt, sondern von einer Lebensphase in die nächste aufgeschoben. Jetzt ist keine Zeit dazu, später möchte man die Antwort geben. Die Frage nach dem Sinn und der Basis des Lebens wird ständig verschoben. Am Ende des Lebens steht dann allerdings die enttäuschte oder erschrockene Frage: Das soll nun alles gewesen sein? Wann habe ich überhaupt sinnvoll gelebt? Auch dazu gibt es eine aufschlussreiche Geschichte, die Jesus seinen Zuhörern erzählt:

Auf den Feldern eines reichen Mannes stand eine gute Ernte. Da überlegte er hin und her: Was soll ich tun? Ich weiß nicht, wo ich meine Ernte unterbringen soll. Schließlich sagte er: So will ich es machen: Ich werde meine Scheunen abreißen und größere bauen; dort werde ich mein ganzes Getreide und meine Vorräte unterbringen. Dann kann ich zu mir selber sagen: Nun hast du einen großen Vorrat, der für viele Jahre reicht. Ruh dich aus, iss und trink und freu dich des Lebens! Da sprach Gott zu ihm: Du Narr! Noch in dieser Nacht wird man dein Leben von dir zurückfordern. Wem wird dann all das gehören, was du angehäuft hast?

(Lukas 12,16 ff.)

Es ist offensichtlich: Dieser Mann hat umsonst gelebt. Auf die wirklichen Fragen des Lebens hat er nie eine Antwort gefunden.

Ihre persönliche Antwort

Doch lassen Sie uns zurückgehen zu unserer Ausgangsfrage: Was trägt Ihre Spiritualität? Was steht bei Ihnen im Mittelpunkt des Bogens? Versuchen Sie, bei Ihrer Antwort das Auswechsel- und Aufschiebespiel zu vermeiden. Es geht jetzt nicht um eine möglichst schnelle Antwort, sehr wohl aber geht es um eine tragfähige Antwort. Vielleicht wollen Sie verschiedene Antworten einmal ausprobieren und spüren, wie es sich anfühlt, wenn jeweils eine andere Antwort in der Mitte steht?

Berufung wird auch dadurch erlebt, dass man sich gerufen fühlt. Wer ruft Sie? Ihre Antwort ist Ihr Gegenüber auf Ihrem persönlichen Berufungsweg. Aus dem, was Sie in die Mitte setzen, erhalten Sie Kraft und Orientierung. Dieses Gegenüber hat Interesse daran, dass Sie durch Ihren Berufungsweg die Welt bereichern und gleichzeitig gesund leben.

Ich (Peter Essler) habe großen Respekt vor den unterschiedlichen Antworten, die die Menschen aus verschiedenen Kulturen und Religionen auf der Welt immer wieder gefunden haben. Wir können viel voneinander lernen. Worin sollte sonst der tiefere Sinn der Globalisierung liegen?

Wichtige spirituelle Autoren wie Anselm Grün und Richard Rohr sind mir hier ein großes Vorbild. Ich selbst bin in der christlichen Spiritualität verwurzelt. Das ist meine Basis. Mich fasziniert seit vielen Jahren das Erleben, dass es einen guten Vater im Himmel gibt, der von mir begeistert ist, allein deshalb, weil ich seine Schöpfung, sein Kind bin. In der Begegnung mit ihm habe ich erfahren dürfen, was es heißt, wirklich und bedingungslos angenommen zu sein. Das gibt mir Mut, mich dem Leben mit all seinen Herausforderungen zu stellen.

Aber da gibt es noch etwas, was mich fasziniert. Ich erlebe auf diesem Weg mit Jesus wirkliche, tiefgreifende und dauerhafte Veränderungen in meinem Leben. In der Begegnung mit diesem Jesus werde ich verwandelt. In vielen kleinen Etappen, oft drei Schritte nach vorne, dann wieder zwei Schritte zurück. Doch wenn man alle Schritte zusammennimmt, ist die Verwandlung in mir nicht zu übersehen.

Wer auch immer sich schon ernsthaft darum bemüht hat, sich selbst zu verändern, weiß, welch große Aufgabe er sich da gestellt hat. Doch bei mir selbst und bei vielen Menschen, die ich seit Jahren kenne, zu erleben, dass etwas Neues möglich ist, das ist für mich eines der größten Wunder überhaupt. Somit entfaltet sich die eigene Berufung nicht allein in der Hingabe an Menschen, Aufgaben und Projekte. Sie entfaltet sich auch und gerade dadurch, dass man selbst sich in einen anderen Menschen verwandelt.

4.4 Zehn spirituelle Sprachen

Mit spirituellen Sprachen meinen wir die Art und Weise, wodurch ein Mensch Spiritualität erfährt, versteht und in der Praxis umsetzt. Um eine gesunde Form der Spiritualität für sich selbst zu finden, ist es sinnvoll, sich zu fragen, welche spirituelle Sprache man spricht. Diese Sprache lässt sich dann gezielt weiterentwickeln. Wenn ich zum Beispiel die spirituelle Sprache der Natur spreche, mir aber nie die Zeit nehme, mich in die Natur zu begeben und über Pflanzen, Tiere, Himmelserscheinungen zu staunen, kann es sein, dass ich mich einer Möglichkeit beraube, Gott und dem Leben zu begegnen.

Gary Thomas hat in seinem Buch »Sacred Pathways« neun dieser spirituellen Sprachen beschrieben. Lesen Sie sich die Beschreibung dieser Sprachen einmal in Ruhe durch und fragen Sie sich: Welche drei sprechen mich am meisten an? Der Vollständigkeit halber habe ich (Paul Donders) eine zehnte Sprache hinzugefügt, die mir noch wichtig erschien: die des kreativen Schaffens.

1. **Die spirituelle Sprache der Natur: Gott suchen in der Schöpfung.** Das wahre Leben spielt sich für Sie draußen ab. Sie holen Ihre Lebenslektionen weniger aus Büchern, sondern viel eher aus den Geschichten, die die Natur erzählt. In der Natur sind Sie optimal in Form und fühlen sich als Mensch am wohlsten. Einen Tag nicht draußen zu sein ist, als ob Sie einen Tag nicht gelebt hätten.

2. **Die spirituelle Sprache der Sinne: Gott suchen in Erfahrungen und Erlebnissen.** Die Wirklichkeit spielt sich nicht in Ihrem Kopf ab, sondern ist um Sie herum. Je mehr Sie sie spüren, desto besser begreifen Sie sie. Ihre Sinne sind dafür gemacht, die Wirklichkeit bestmöglich zu erfassen. Für Sie ist es wichtig, gut für Ihren Körper zu sorgen, da er Ihr Fenster zur Wirklichkeit ist. Sie essen bewusst, nehmen sich

Zeit zu schmecken und genießen. Von Musik lassen Sie sich nicht einfach nur berieseln, sondern Sie nehmen sie auf und lassen sie in sich wirken. Ein Gemälde schauen Sie sich nicht nur an, sondern Sie versetzen sich hinein.

3. **Die spirituelle Sprache der Tradition: Gott suchen in Ritualen und Symbolen.** Feste Prägungen sind für Sie wichtig, denn sie bringen Ruhe und Regelmäßigkeit. Warum sollte man das Rad immer wieder neu erfinden, wo es doch bereits so wunderbare Räder gibt? Veränderung bringt immer »Un-Ordnung« und Chaos mit sich. In einer ohnehin schon chaotischen Welt brauchen wir nicht noch mehr Durcheinander. Für Sie sind Rituale und Symbole anziehend, weil sie oft eine größere Aussagekraft haben als 1000 Worte. Indem Sie Rituale bewusst vollziehen und alte Symbole bewahren, fühlen Sie sich mit früheren Generationen verbunden, die schon seit Jahrhunderten dem gleichen Gott dienen.

4. **Die spirituelle Sprache der Einfachheit: Gott suchen in Hingabe, Klarheit und Disziplin.** Luxus ist für Sie vor allem Ballast. Worum es wirklich geht im Leben, das erfahren Sie, wenn Sie alle möglichen Ablenkungen ausschalten. Sie lieben es, sich abzuschotten, um sich auf die wichtigsten Dinge konzentrieren zu können. In unserer Gesellschaft wollen alle möglichst schnell möglichst viel erreichen, und gerade die Geschwindigkeit verhindert oft, zum Ziel zu kommen. Sie brauchen einen Ort, der wenig Ablenkung bietet, damit Sie sich konzentrieren können auf das, was wirklich wichtig ist, und damit Sie Antworten finden, die Sie inspirieren.

5. **Die spirituelle Sprache der Ideale: Gott suchen in Konfrontation und Aktion.** Wenn irgendwo Unrecht geschieht, fällt Ihnen das sofort auf. Themen wie Armut, Diskrimination, Gewalt, Missbrauch und Umweltzerstörung lassen Sie nicht kalt. Ihnen genügt es nicht, auf dieses Unrecht hinzuweisen; Sie wollen aktiv werden und mithilfe

anderer Menschen etwas daran ändern, um dadurch die Welt ein bisschen besser zu machen. Menschen, die diese Sprache sprechen, sind häufig charismatisch und idealistisch, ihre Weltsicht ist vielleicht ein wenig von Schwarzweißmalerei geprägt, weil sie so ihrem heiligen Thema mehr Gewicht geben. Sie wollen ihre Prinzipien und Lösungen verkündigen und möglichst viele mit ihrem Feuereifer anstecken.

6. **Die spirituelle Sprache des Versorgers: Gott suchen durch Hilfe für die anderen.** Ihr Fokus liegt bei anderen Menschen, bei deren Bedürfnissen und deren Not. Für Sie ist es normal, Ihre eigenen Bedürfnisse hintanzustellen, damit Sie genug Zeit und Energie haben, für andere da zu sein. Ihre Zuwendung äußert sich in Gastfreundschaft. Auch haben Sie für andere stets ein offenes Ohr. Sie besuchen Menschen in Not oder schicken ihnen eine Karte mit ein paar aufmunternden Worten. Sie sehen immer den Menschen hinter der Not. Sie blühen richtig auf, wenn Sie etwas für andere tun können.

7. **Die spirituelle Sprache des Enthusiasmus: Gott suchen in Freude und Spontaneität.** Sie lassen sich gern inspirieren und inspirieren auch andere. Andere Menschen sehen Sie als spontan an. Wenn Sie etwas Besonderes erlebt haben, wollen Sie es jedem erzählen und alle davon begeistern. Sie haben einen intuitiven Blick für das Besondere in Ihrer Umgebung, und Sie beziehen daraus oft weise Lektionen für das Leben. Menschen mit dieser spirituellen Sprache sind häufig extrovertiert, intuitiv und kommunikativ. Aus ihrer inspirierenden Art erwächst häufig sogar neue Inspiration.

8. **Die spirituelle Sprache der Vertiefung: Gott suchen durch Stille und Kontemplation.** Sie suchen Tiefe und Verbundenheit durch Kontemplation. Sie vertiefen sich gern in das Mysterium Gottes. Kontemplative Menschen sind häufig stille Gewässer, die aber eine große Tiefe aufweisen. Sie genießen die Stille und können längere Zeit mit einem

Gedanken schwanger gehen. Sie lieben es, diesen Gedanken immer wieder von einer neuen Seite zu beleuchten und ihn dadurch neu zu entdecken. Sie erfahren häufig eine tiefe Liebe zu Gott und empfinden deshalb auch Liebe zu ihren Mitmenschen.

9. **Die spirituelle Sprache des Denkens: Gott suchen mit Wissen und Verstand.** Sie gebrauchen gern Ihren Verstand und lieben geistige Herausforderungen. Mit Ihrem Gehirn analysieren Sie ständig Ihre Umgebung. Nach Ihrer Überzeugung kann man die Dinge des Lebens nur begreifen, wenn man etwas Abstand nimmt. Dann sieht man das große Ganze besser und versteht, wozu die Einzelteile da sind. Menschen mit dieser Sprache stellen viele Fragen. Sie prüfen gern, was sie sehen, um den Kern der Realität bloßzulegen. Sie lassen sich nicht überzeugen durch unklare, rein emotionale Begründungen. Überzeugen kann man sie in der Regel nur mit einer logischen Begründung.

10. **Die spirituelle Sprache des eigenen Schaffens: Gott suchen mit Kreativität.** Sie finden es wunderbar, Neues zu schaffen, um Ihre unterschiedlichen Emotionen und Ideen zum Ausdruck zu bringen. Durch Singen, Tanzen, Malen, Schreiben, Bildhauern oder durch andere Formen von Kreativität erfahren Sie spirituelle Erfüllung. Ihr kreatives Gestalten ist wie ein Gebet des Staunens. Sowohl Sie selbst als auch andere lassen sich von Ihrem Schaffen dazu inspirieren, Gott in seiner Vielfarbigkeit zu suchen.

In welchen drei Sprachen haben Sie sich am ehesten wiedererkannt? Bei mir (Paul Donders) ist das ziemlich eindeutig:

1. in der Sprache des Enthusiasmus
2. in der Sprache des Denkens
3. in der Sprache der Sinne

Spannend ist jetzt: Wie können Sie Ihr spirituelles Leben lebendig gestalten und auf Ihre persönliche Art und Weise täglich aus diesem für Sie allerwichtigsten Brunnen schöpfen?

Betrachten Sie den folgenden Workshop. Ausgefüllt ist er zunächst mit meinem eigenen Beispiel, um Ihnen eine Vorstellung davon zu geben, was Sie selbst in die unten stehende Tabelle hineinschreiben könnten. Die Aufgabe lautet: Erschließen Sie sich Ihren persönlichen Lebensbrunnen, Ihre Quelle, die Sie regelmäßig speist. Sie werden feststellen, dass die Übersetzung spiritueller Sprachen in Alltagssituationen häufig am besten durch Rituale gelingt.

Rituale sind positive Gewohnheiten, die uns regelmäßig an das Wesentliche des Lebens erinnern und die auch den Raum dafür schaffen. Ein Ritual lebt von der Wiederholung in

- Zeit
- Form
- Ort

Ein Beispiel: Am Sonntagnachmittag setze ich (Paul Donders) mich gerne in meinen Lehnstuhl im Wohnzimmer und schreibe eine Stunde. Vor mir sehe ich meinen herrlichen Bücherschrank mit Tausenden literarischer Schätze. Rechts von mir blicke ich auf den Garten und auf die grünen Wiesen unserer wunderbaren holländischen Landschaft. Jedesmal wenn ich dieses wöchentliche Ritual vollziehe, werde ich neu inspiriert und erlebe beim Schreiben ein kleines Stück von Gottes Gegenwart. Die Sprachen, die ich dabei einsetze, sind: Enthusiasmus (beim Schreiben), Denken (beim Erstellen von Konzepten), Sinne (beim Blick auf die schöne Umgebung).

Im Folgenden finden Sie die Beispieltabelle, die ich ausgefüllt habe, und eine leere Tabelle, die auszufüllen Ihre Aufgabe ist. Überlegen Sie sich:

Welche drei spirituellen Sprachen möchten Sie in täglichen oder wöchentlichen Ritualen einüben?

Wie ich meine wichtigsten spirituellen Sprachen einüben kann

Sprache	Rituale	Häufigkeit	Vorbilder	Bücher
1. Enthusiasmus	▸ Buch schreiben ▸ Im Beruf Menschen bei Seminaren begeistern	**1/W** **1/W**	▸ Bono ▸ Ron Hoff ▸ Robin Williams	▸ Das Leben von Tolkien ▸ Natürliche Rhetorik – Harry Holzheu
2. Denken	▸ Bücher über die Lebenskunst lesen ▸ Theologisch-philosophische Bücher lesen ▸ Austausch mit anderen Denkern	**10/J** **10/J** **1/M**	▸ R. Guardini ▸ J. H. Newman	▸ Verantwortung und Freiheit – Guardini ▸ The Idea of a university – J. H. Newman
3. Sinne	▸ Geistliche Musik im Auto hören ▸ Klassische Konzerte besuchen ▸ Spazieren gehen und über die Natur staunen	**5/W** **4/J** **1/W**	▸ J. S. Bach ▸ H. v. Bingen	▸ Weite dein Herz – Odilo Lechner ▸ Divine Beauty – John O'Donohue

Wie ich meine wichtigsten spirituellen Sprachen einüben kann

Sprache	Rituale	Häufigkeit	Vorbilder	Bücher
1.				
2.				
3.				

5 So schreiben Sie Ihre Geschichte weiter

Hab Geduld, alle Dinge sind schwierig,
bevor sie leicht werden.

FRANZÖSISCHES SPRICHWORT

Wir haben Ihnen nun vielerlei Inspirationen gegeben, was alles zum Thema Berufung dazugehört. Dabei sollte deutlich geworden sein, dass Berufung ein Lebensstil ist. Mit Berufung sind Sie mit Ihrer gesamten Person gemeint. Berufung ist ein Weg, auf dem Sie immer weitergehen können und der sich auf der Landkarte Ihres Lebens immer klarer abzeichnet. Ein Weg, der hinführt zu einer gesunden Identität und einer immer größer werdenden Wirksamkeit bei der Erfüllung Ihrer Aufgaben und Aufträge.

Dieser Weg ist etwas Besonderes, und er ist mehr als eine normale Lebensplanung. Die Berufung verbindet einen Menschen in Gott mit der tiefen Erfahrung, dass er sich genau auf dem richtigen Pfad bewegt.

In diesem Buch haben Sie viel darüber gelesen, wie wir selbst (Peter Essler und Paul Donders) diesen Berufungsweg seit vielen Jahren gehen. Wir sind restlos begeistert darüber, wie viele Menschen wir in den letzten Jahren auf ihrem Berufungsweg begleiten durften. Dabei haben wir immer wieder neu die Kraft erlebt, die im Phänomen der Berufung steckt.

Wir haben Menschen gesehen, die das, was sie bereits machten, mit einer großen Klarheit vertieft und weitergeführt haben. Aber wir haben auch Menschen gesehen, die ihr Leben durch die Entdeckung ihrer wahren Berufung verändert haben und in eine andere Richtung weitergegangen sind. Das Thema Berufung setzt gewaltige Kräfte frei und wird das Leben immer wieder verändern.

Wie können nun für Sie die nächsten Schritte auf dem Berufungsweg aussehen? Da Berufung ein Lebensstil ist, geben wir Ihnen hier ein paar Anregungen, wie Sie diesen Weg immer wieder aufs Neue entdecken können.

5.1 Berufung im Heute

Stellen Sie sich an jedem Morgen fünf schlichte Fragen, die Ihnen eine Orientierung für den Tag geben. Diese Fragen kommen direkt aus dem Berufungsmodell heraus, und zwar aus dem innersten und aus dem äußersten Kreis. In Anlehnung an diese fünf Bereiche stellen Sie sich morgens folgende Fragen:

- Wo tanke ich auf? (Spiritualität)
- Was brauche ich? (Bei mir selbst sein)
- Was will ich lernen? (Lernen)
- Was will ich gestalten? (Gestalten)
- Wem will ich dienen? (Freund sein)

Indem Sie diese Fragen stellen, gehen Sie sicher, die wesentlichen Bereiche eines gesunden Berufungsweges im Auge zu behalten. Die Antworten sind oft ganz kleine Dinge. Aber es kommt nicht auf die Größe an. Lieber setzen Sie kleine Dinge um, als von großen nur zu träumen. Haben Sie Mut zu kleinen Schritten. Jeder kleine, ja sogar jeder winzige Schritt ist für Sie eine Ermutigung, Ihren Berufungsweg aktiv fortzusetzen. Dadurch, dass Sie sich diese Fragen jeden Tag aufs Neue stellen, haben Sie sie irgendwann so sehr verinnerlicht, dass sie Ihnen auch während des Tages plötzlich einmal einfallen und Ihnen mitten im alltäglichen Tun einen wertvollen Hinweis geben.

5.2 Berufung, die verändert

Wenn Sie merken, dass Sie auf Ihrem Berufungsweg etwas verändern wollen, so brauchen Sie einen größeren Blickwinkel als den, der sich nur auf das Heute erstreckt. Bestimmt ist Ihnen beim Lesen der eine oder andere Punkt aufgefallen, an dem Sie gedacht haben: »Ja, da würde ich in der Tat gerne etwas verändern.«

Die Erfahrung zeigt, dass es sehr sinnvoll ist, sich im Vorfeld gut zu überlegen, in welchen Veränderungsprozess man sich hineinbegibt. Dazu gibt es eine kleine Formel, die alle wesentlichen Faktoren für Veränderung auf den Punkt bringt. Diese Veränderungsformel lautet so:

U x V x W > A *oder ausgeschrieben:*
Unzufriedenheit x Vision x Weg > Aufwand

Unzufriedenheit: Eine Veränderung werde ich nur dann angehen wollen, wenn ich mit etwas unzufrieden bin. Fehlt mir diese Unzufriedenheit, ist mir die Veränderung nicht so wichtig und ich werde die Mühe, etwas zu verändern, nicht auf mich nehmen wollen. Unzufriedenheit (oder auch Schmerz, Ärger oder Wut) ist also ein sehr guter Indikator, der mir den Hinweis gibt, dass in mir genügend Kraft für Veränderung vorhanden ist. Wir reden hier natürlich nicht von irgendwelchen minimalen Veränderungen, dafür brauche ich die Formel nicht. Aber wenn für mich wichtige Entscheidungen anstehen, dann lohnt es sich, das Ausmaß meiner Unzufriedenheit anzuschauen. Wenn es noch nicht groß genug ist, ist womöglich einfach noch ein wenig Zeit nötig, bis ich zum Handeln bereit bin.

Vision: Bei einer Veränderung will ich nicht nur weg von etwas, sondern vor allem hin zu etwas anderem. Wir brauchen eine klare Vorstellung davon, wo wir hinwollen. Wie stelle ich mir die neue Situation vor, sagen wir mal nach Ablauf von einem, zwei oder drei Jahren? Angenommen, wir könnten zu diesem Zeitpunkt einen Sekt öffnen und gemeinsam feiern – worauf würden wir dann anstoßen? Beschreiben Sie das Neue so genau wie möglich. Wie sieht Ihr Bild von der Zukunft aus? Benutzen Sie hierfür alle Ihre Sinne. Wie wird es sich anfühlen? Was ist auf dem Bild zu sehen? Welche Farben herrschen vor? Wer ist dabei? Wo spielt sich die Szene ab? Was ist zu hören? Nehmen Sie sich Zeit für die genaue Entwicklung des Zukunftsbildes. Diese Vison wird sehr viel in Ihnen in Bewegung bringen.

Weg: Eine hohe Unzufriedenheit und eine geniale Vision nützen aber noch nichts, wenn wir nicht wissen, wie wir dorthin gelangen. Es geht darum, einen Weg zu finden und die konkreten Schritte festzulegen, die nötig sind, um diesen Weg zu gehen. Nicht alle Schritte bis zur kompletten Umsetzung muss ich jetzt schon kennen. Oft kann ich sie sogar noch gar nicht kennen. Aber ich muss Klarheit über die ersten Schritte auf meinem Weg haben. Sie müssen konkret und klar genug sein, sodass ich genau weiß, wie ich sie ausführen soll und dass ich sie umsetzen kann.

Und auch hier gilt wieder: Sollten die Schritte zu groß sein, das heißt, sollte die Umsetzung nicht realistisch sein, machen Sie einfach die Schritte kleiner. Der Feind an dieser Stelle ist die Unbarmherzigkeit, mit der man von sich selbst immer die maximale Geschwindigkeit und Leistung fordert.

Aufwand: Jede Veränderung bringt einen gewissen Aufwand mit sich. Hier ist vor allem der innere, seelische Aufwand gemeint, ein Hemmnis, das zunächst überwunden werden muss. Es wird in mir immer Anteile geben, die sich gegen eine Veränderung sträuben und lieber beim Alten bleiben wollen, selbst wenn der aktuelle Zustand unerträglich ist. Es ist zudem normal, dass ein Veränderungsprozess Ängste schürt, die uns von dem Neuen zurückhalten wollen.

Trotzdem ist Veränderung möglich. Nämlich dann, wenn das Produkt von Unzufriedenheit, Vision und Weg größer ist als der Aufwand, sprich das Hindernis, das überwunden werden muss. Betrachten Sie jeden einzelnen Punkt. Wenn Sie merken, dass die linke Seite noch nicht mehr Gewicht hat als die rechte, dann arbeiten Sie an den einzelnen Punkten weiter. Nutzen Sie die folgende Übersicht, um selbst Klarheit zu bekommen:

Mein Veränderungsthema:
Meine Unzufriedenheit (Schmerz, Wut, Ärger):
Meine Vision:

Mein Weg:

Dieser Aufwand muss erbracht, dieses Hindernis überwunden werden:

5.3 Berufung in der Zukunft

Wir wollen Sie ermutigen, Ihre Berufungsgeschichte auch über einen längeren Zeitraum hinweg fortzuschreiben. Darum haben wir Sie in den verschiedensten Kapiteln immer wieder angeregt, darüber nachzudenken, wie zum Beispiel die Bereiche Beruf, Familie, Freizeit, Hobby, Freunde, Ehrenamt etc. in zwei, fünf oder zehn Jahren aussehen könnten.

Hier sind Sie als Baumeister oder Gestalter ganz in Ihrem Element. Niemand anderes kann diesen Weg in die Zukunft festlegen als Sie selbst. Und damit Sie selbst einen Überblick haben, was Sie so alles bauen wollen, fügen Sie Ihre Gedanken im Überblick zusammen.

Suchen Sie sich dazu maximal fünf bis sieben Bereiche aus, die Sie gestalterisch weiterentwicklen wollen. Viele Bereiche sind ja schon im Buch aufgetaucht in den Kapiteln über das Thema Aufträge. Welche davon sind Ihre fünf bis sieben wichtigsten Aspekte? Und gibt es darüber hinaus noch andere Aspekte in Ihrem Leben, die für Sie sehr wichtig sind, die wir aber nicht speziell benannt haben? Auch diese Themen sollten Sie sich nun notieren, und zwar in einer einfachen, klaren Sprache, ganz so, als würden Sie mit jemandem darüber plaudern. Halten Sie diese Bereiche schriftlich in der folgenden Übersicht fest:

Bereich/Thema	Vision für die nächsten ... Jahre	Ziele für die nächsten ... Monate
1.		
2.		
3.		
4.		
5.		

6.		
7.		

Mit Ihren Bereichen und Themen haben Sie das Feld abgesteckt, in dem Sie tätig sein wollen. Nun fehlen noch, ähnlich wie bei der oben angeführten Veränderungsformel, jeweils eine Vision beziehungsweise der Weg dorthin. Anstelle des Weges können Sie auch Ziele benennen.

Die Vision sollte auf alle Fälle einen mittelfristigen Zeitraum abdecken. Das heißt, Ihre Umsetzung sollte nicht zu weit entfernt liegen, aber auch nicht zu nah am Heute. In der Praxis hat sich ein Zeitraum von zwei bis fünf Jahren bewährt.

Wählen Sie bitte selbst, welcher Zeitraum Ihnen am besten passt, und tragen Sie ihn in der mittleren Spalte zuoberst ein. Fangen Sie dann an, die verschiedenen Visionen für den jeweiligen Bereich in die mittlere Spalte einzutragen. Die meisten Ideen dazu haben Sie ja schon in früheren Kapiteln des Buches entwickelt. Wenn noch Gedanken fehlen, so können Sie sie jetzt einfach ergänzen.

Sollten Sie geneigt sein, den Punkt Vision zu überspringen (»Ich bin nicht so kreativ.«, »Ich bin mehr an der Umsetzung interessiert.«, »Muss man das ganze Zeug überhaupt aufschreiben?« ...), so denken Sie daran, dass eine Vision eine große Kraft und damit die Ressouren in Ihnen freisetzen wird. Ihre Visionen werden für Sie zu einer Navigation, falls der Alltag mal wieder über Sie hereinbrechen sollte.

Die rechte Spalte ist nur für den Weg beziehungsweise für die Ziele reserviert. Hier empfiehlt sich ein deutlich kürzerer Zeitraum, damit Sie die Umsetzung schon klar vor sich sehen. Wählen Sie dafür eine Zeit zwischen einem und maximal sechs Monaten (viele kommen mit einem Quartal sehr gut zurecht). Tragen Sie Ihre Zeitspanne zur Erreichung der Ziele zuoberst in die rechte Spalte ein. Anschließend beschreiben Sie den Weg, die Schritte, die Ziele. Denken Sie dabei wieder an die drei schon beschriebenen M-M-M-Kriterien für Ziele: messbar, machbar, motivierend. Nehmen Sie sich nicht zu viel vor. Finden Sie ein gesundes Maß für alle Ziele, damit die Verwirklichung Sie nicht überfordert.

5.4 Gemeinsam auf dem Berufungsweg

Jeder Mensch trägt das Phänomen Berufung in sich. Manche haben vielleicht noch nie darüber nachgedacht. Andere haben es mit anderen Worten formuliert. Doch wie dem auch sei: Jedem von uns stellt sich die Aufgabe, die eigene Berufung zu entdecken und danach zu leben.

Sie können nun selbst die Wahrscheinlichkeit, sich Ihres Berufungsweges bewusst zu bleiben, extrem steigern, indem Sie sich Mitstreiter auf dem Weg suchen. Fangen Sie an, in Ihrem Umfeld zu schauen, wo sich offene Herzen und Menschen zeigen, die auch denselben Wunsch haben wie Sie: Ihre Berufung wirklich zu leben. Die Voraussetzung dafür ist Vertrauen. Seien Sie allerdings davor gewarnt, Ihre Perlen vor die Säue zu werfen, wie es in der Bibel so deutlich heißt. Ein Gespräch mit der falschen Person kann Ihr vielleicht noch kleines Berufungspflänzchen zertreten. Darum seien Sie wählerisch.

Wenn Sie den richtigen Partner gefunden haben, fangen Sie an, sich auszutauschen. Das Berufungsmodell in Kapitel 1 sowie die Texte der Folgekapitel in diesem Buch zeigen Ihnen viele Einstiegsmöglichkeiten für ein solches Gespräch. Teilen Sie auch Ihre Visionen und Ziele miteinander. Sie können dies mit einem schönen Essen oder einem Glas Wein verknüpfen.

Treffen Sie sich nach einem oder zwei Monaten wieder und schauen Sie gemeinsam auf das, was sich in der Zwischenzeit alles ereignet hat und umgesetzt werden konnte.

Wir selbst hätten unseren Berufungsweg nie so gehen können, wenn wir nicht immer wieder Freunde und Weggefährten gehabt hätten, die uns (und denen wir) für ein wertvolles Gespräch zur Verfügung gestanden hätten.

An einem gewissen Punkt kann es sinnvoll sein, einen Berufungscoach für eine begrenzte Zeit mit ins Boot zu nehmen. Gerade wenn es um die Klärung richtungsweisender Grundfragen geht oder um ein vertieftes Verständnis der eigenen Identität.

Genauso wie es Berater für Finanzen, Recht, Fitness oder sonstige Fragen der praktischen Lebensführung gibt, gibt es auch Coachs, die viel Erfahrung und Know-how in Berufungsfragen haben. Sie sind darin geschult, in einem Coachingprozess mit Ihnen die wesentlichen Wirkmechanismen zu erkennen und Ihren Berufungsweg mit Ihnen gemeinsam zu entdecken und zu erkunden.

Am Ende dieses Buches wünschen wir Ihnen viele kreative und inspirierende Ideen für Ihren Berufungsweg. Wir wünschen Ihnen, dass Sie die Kraft der Berufung an sich selbst erleben und dass es Ihnen gelingt, auch die Gesellschaft mitzuprägen, indem Sie genau das sind und tun, was Ihrer Berufung entspricht.

Literaturverzeichnis

Bücher

Alphonso, Herbert: Die persönliche Berufung. Tiefgreifende Umwandlung durch die Geistlichen Übungen. Münsterschwarzach, 6. Aufl. 2008.

Asserate, Asfa-Wossen: Manieren. München, 5. Aufl. 2010.

Bolles, Richard Nelson: Durchstarten zum Traumjob. Frankfurt am Main 2002.

Burdenski, Donath und Essler, Peter: Abenteuer Denken. Asslar 2005.

Chapman, Gary: Die fünf Sprachen der Liebe. Marburg 1994.

Collins, Jim: Der Weg zu den Besten: Die sieben Management-Prinzipien für dauerhaften Unternehmenserfolg. München 2003.

Donders, Paul Ch.: Kreative Lebensplanung. Asslar 1997.

Dyckhoff, Peter: Atme auf. München 2001.

Eldredge, John: Der ungezähmte Mann. Auf dem Weg zu einer neuen Männlichkeit. Gießen, 10. Aufl. 2003.

Engstrom, Theodor W. und Larson, Robert C.: Seizing the Torch. Ventura CA 1988.

Erickson, Tamara: Retire retirement. Career strategies for the boomer generation. Boston 2008.

Ernst, Heiko: Wie uns der Teufel reitet. Von der Aktualität der 7 Todsünden. Berlin 2006.

Frankl, Viktor: Trotzdem Ja zum Leben sagen. Ein Psychologe erlebt das Konzentrationslager. München, 29. Aufl. 2008.

Gladwell, Malcom: Überflieger. Frankfurt 2009.

Grün, Anselm: Leben und Beruf. Eine spirituelle Herausforderung. Münsterschwarzach 2005.

Grün, Anselm: Geborgenheit finden – Rituale feiern. Stuttgart 1997.

Grün, Anselm: Einreden. Der Umgang mit den Gedanken. Münsterschwarzach, 20. Aufl. 2010.

Guardini, Romano: Die Lebensalter. Ihre ethische und pädagogische Bedeutung. Kevelaer, 9. Aufl. 2010.

Guardini, Romano: Die Annahme seiner selbst. Mainz 1987.

Guardini, Romano: Die Macht – Versuch einer Wegweisung. Würzburg 1951.

Guardini, Romano: Tugenden. Meditationen über Gestalten sittlichen Lebens. Würzburg 1967.

Höhler, Gertrud: Warum Vertrauen siegt. Berlin 2003.

Kahn, Oliver: Ich. Erfolg kommt von innen. München 2008.

Kast, Michaela: Sein. Stuttgart 2009.

Kiechle, Stefan: Sich entscheiden. Würzburg 2008.

Knoblauch, Jörg W., Hüger, Johannes und Mockler, Marcus: Dem Leben Richtung geben. Frankfurt am Main 2003.

Lechner, Odilo: Weite dein Herz. München 2002.

MacDonald, Gordon: A Resiliant Life. Nashville 2004.

MacDonald, Gordon: Du machst mich stark. Wuppertal 2005.

MacDonald, Gordon: Ordne dein Leben. Asslar 2004.

Marston, William: Emotions of normal people. Minneapolis 1987.

Miller, Arthur: The truth about you. Old Tapan 1977.

Monbourquette, Jean: Finde deinen Platz im Leben. Freiburg im Breisgau 2003.

Müller, Wunibald: Gönne dich dir selbst. Münsterschwarzach 2004.

Pink, Daniel: Drive. The surprising truth about what motivates us. Edinburgh 2010.

Rosenberg, Marshall B.: Gewaltfreie Kommunikation. Eine Sprache des Lebens. Paderborn, 6. Aufl. 2007.

Röthlein, Brigitte: Sinne, Gedanken, Gefühle. Unser Gehirn wird entschlüsselt. München 2002.

Seiwert, Lothar und Gay, Friedbert: Das 1x1 der Persönlichkeit. Remchingen 1996.

Thomas, Gary: Sacred Pathways. Grand Rapids 2002.

von Kunhardt, Gert: Keine Zeit und trotzdem fit. Moers 1994.

von Oech, Roger: Der kreative Kick. Paderborn 1994.

Wolf, Notker: Gönn dir Zeit. Es ist dein Leben. Freiburg im Breisgau 2009.

Wunsch, Albert: Die Verwöhnungsfalle. München 2000.

Zurhorst, Eva-Maria und Wolfram: Liebe dich selbst, auch wenn du deinen Job verlierst. München 2009.

Zeitschriftenartikel

Schmid, Bernd. Milieu – ein wenig beachteter Faktor im Coaching. In: Organisationsberatung Supervision Coaching, 03/2010.

Internet-Seiten

www.b-for-m.de

www.lifewithoutlimbs.org

www.xpand.eu

Dank

PAUL CH. DONDERS: An Anne Burdenski, denn sie war diejenige, mit der ich vor 20 Jahren die Grundlage gelegt habe für den in diesem Buch beschriebenen Berufungsprozess. Sie ist auch heute in unserem Team eine der führenden Denkerinnen und Mitgestalterinnen der Seminare, die wir mit unserer Unternehmensberatung xpand geben. Danke, Anne, für Deine langjährige Expertise und Freundschaft! Mein Dank gilt außerdem dem gesamten internationalen Leitungsteam von xpand. Ohne Euch wären Peter und ich nie so weit gekommen, dieses Buch zu schreiben: Andreas, Anne, Albert, Florence, Helmut, Ingo, Janny, Johannes, Jürgen, Michael, Michaela, Øivind und Wolfgang. Dankbar bin ich auch Jeroen Donders und Annette van Dijk, die Ihr unermüdlich mein handgeschriebenes Skript entziffert, getippt, korrigiert und ergänzt habt. Ohne Euch wäre dieses Buch nicht zustande gekommen. Ihr seid top!

PETER ESSLER: Besonders dem Team von xpand Deutschland möchte ich danke sagen, das sich in den letzten Jahren viel Zeit genommen hat, in das Thema Berufung tiefer einzusteigen. Die Zusammenarbeit mit Euch ist sehr inspirierend: Anne, Friedegard, Montserrat, Miriam und Peter. Ich möchte mich außerdem bedanken bei Samuel Essler, der in der Recherche geniale Vorarbeit geleistet hat, und bei Tim Essler, der meine Vorlagen digitalisiert hat.

PAUL CH. DONDERS UND PETER ESSLER: Gemeinsam wollen wir uns für die gute Zusammenarbeit mit dem Vier-Türme-Verlag in Münsterschwarzach bedanken, namentlich bei Bruder Linus Eibicht OSB und Herrn Dr. Matthias E. Gahr. Ein besonderer Dank gilt zudem unserer Lektorin Judith Engst, die dem Buch den sprachlichen Schliff gegeben hat.

Unser größter Dank gilt unserem himmlischen Vater, der uns einzigartig gemacht hat und ein uneingeschränktes »Ja« zu uns und allen Menschen gesagt hat!